suhrkamp taschenbuch 5334

Ein Leben ohne Bücher? Für Arno Schmidt unvorstellbar! Dieser Band versammelt Texte Schmidts zum Thema »der Schriftsteller und das Buch«. Da geht es um erste Lektüren (»schlimmer als die erste Liebe«), um den Schreibplatz des Dichters, der von Büchern umgeben sein muss, um den Umgang mit fremder Literatur, Stichwort Plagiat, ums Sammeln, Lesen und Verwerten – Werkstattberichte eines Dichters, der sein Schreiben auch als eine Art Handwerk verstand.

ARNO SCHMIDT wurde am 18. Januar 1914 in Hamburg geboren. Nach seiner Entlassung aus englischer Kriegsgefangenschaft arbeitete er zunächst als Dolmetscher, von 1947 an als freier Schriftsteller. 1958 zog er mit seiner Frau Alice nach Bargfeld (Kreis Celle), wo er bis zu seinem Tod zurückgezogen lebte. Arno Schmidt starb am 3. Juni 1979 in Celle. Zwei Jahre nach seinem Tod gründeten seine Frau Alice Schmidt und Jan Philipp Reemtsma die Arno Schmidt Stiftung (www.arno-schmidt-stiftung.de).

Weitere Titel von Arno Schmidt im suhrkamp taschenbuch: *Schwarze Spiegel* (st 5270), *Seelandschaft mit Pocahontas* (st 5271), *Kühe in Halbtrauer* (st 5272), *KAFF auch MARE CRISIUM* (st 5273), *Brand's Haide* (st 5331), *Aus dem Leben eines Fauns* (st 5332), *Die Gelehrtenrepublik* (st 5333).

Arno Schmidt
»Es gibt keine Seligkeit ohne Bücher«

Ein Lesebuch, herausgegeben von
Bernd Rauschenbach

Suhrkamp

2. Auflage 2023

Erste Auflage 2023
suhrkamp taschenbuch 5334

Umschlagfoto: Arno Schmidt
Gestaltung, Satz: Friedrich Forssman
Druck und Bindung: CPI books GmbH, Leck
Dieses Buch wurde klimaneutral produziert.
climatepartner.com/14438-2110-1001
Printed in Germany
ISBN 978-3-518-47334-4

www.suhrkamp.de

Inhalt

Auch Helios ist allein, oben im Seidenblau.
Wie wird er lachend am gebogenen Bugschnabel seines Nachens stehen, übermütig; und selig langsam dahingewiegt. Und hinter ihm, auf den ebenen Goldplanken, werden auch Schriftrollen liegen, denn es gibt keine Seligkeit ohne Bücher!
(Enthymesis oder W. I. E. H.)

Vorbemerkung

Es gibt Autoren und Autorinnen, die lesen wenig. Arno Schmidt gehörte zu denen, die viel lesen. Zu seinem Leben gehörten Bücher von Kindesbeinen an (er gab an, sehr früh lesen gelernt zu haben). Als er zur Wehrmacht einberufen wurde, nahm er wenigstens ein Buch mit, Christoph Martin Wielands »Die Abenteuer des Don Sylvio von Rosalva« (und vermerkte dies in diesem Buch). Wer Arno Schmidts Arbeitszimmer in seinem Haus in Bargfeld, Kreis Celle, betritt, betritt eine Bibliothek, die einen Schreibtisch rahmt.

In einem frühen (erst postum veröffentlichten) Werk nennt sich Schmidt noch nicht einen Schriftsteller oder Poeten, er betritt dort das »Elysium«, das Jenseits der von ihm verehrten Dichter, als »guter Leser« – solche leisten dort den Dichtern Hilfs- und Handlangerdienste. Die Beschäftigung mit den Büchern anderer durchzieht Arno Schmidts literarisches Werk, man liest daraus vor, spricht über sie, erörtert Fragen der Dichtung.

Das öffentliche Reden über Literatur macht einen großen Teil von Arno Schmidts Werk aus. Er schrieb ab 1955 sogenannte »Nachtprogramme«, literarische Radiosendungen, für die er eine eigene Form fand: das Gespräch zwischen einem (oder zwei) skeptischen Laien und einem überlegenen Kenner. Schmidts Leserinnen und Leser wurden so zu Hörerinnen und Schülern. Aus eigenen Werken hat Schmidt kaum je vorgelesen, es waren immer die Werke anderer, über die er seine Sprecher dozieren und aus denen er sie vorlesen ließ.

Schmidt war Büchersammler, auch dies von Jugend auf. Später benötigte er für seine Arbeiten oft Bücher, die der normale Buchmarkt nicht hergab – er musste in Antiquariaten und Katalogen danach suchen. Dafür bat er gelegentlich Leser um Unterstützung. Aber ein Sammler will immer mehr, als er gerade braucht, er möchte das Werk eines Autors komplettieren, er sucht Entlegenes. So hat Sammeln auch immer etwas, das über das rationale Beschaffen dessen, was man braucht, hinausgeht. Schmidts Roman

Das steinerne Herz sollte ursprünglich »Der Sammler« heißen, weil die Leidenschaft seines Protagonisten für Hannoversche Staatshandbücher die Handlung, zwei Liebesgeschichten in West- und Ostdeutschland und allerlei mehr, in Gang bringt.

Bücher, heißt ein altes Sprichwort, haben ihre eigene Geschichte, aber sie sind auch Teil der Geschichte dessen, der sie einmal besessen hat : »Für Einhundertvierzig Mark erwarben wir ein Leben«, heißt es in *Ich bin erst Sechzig.*

Der vorliegende Band endet mit den Aufsätzen *Meine Bibliothek* und *Der Platz, an dem ich schreibe.* Der erstere handelt unter anderem von der »ersten Lektüre« (»schlimmer als die erste Liebe«), von unterschiedlichen Möglichkeiten der Verbindung fremder und eigener Literatur – vom Zufall der Ähnlichkeit (der vielleicht doch keiner ist) bis zum »nackten Plagiat« –, der zweite von dem bücherumgebenen Schreibtisch. In den weiteren Texten findet sich eine Reihe kleiner Hinweise darauf, wie man liest, lesen sollte, lesen kann, was die Umstände des Schreibens begünstigt oder behindert, welche Hilfsmittel benötigt werden. Kleine Konfessionen eines Dichters, der sein Schreiben immer wieder als eine Art Handwerk verstand (allerdings Talent oder Genie zu den nicht erwähnenswerten Voraussetzungen dieses Handwerks rechnete), ein Handwerk nach der Maxime : »1 Tagewerk noch vorm Frühstück!«

LESEN IST SCHRECKLICH!

Wenn ich vom Helden höre, daß er sich zum Denken anschickt : »... er runzelte die Stirn, und preßte streng die Lippen aufeinander ...« – schon fühle ich, wie sich mein Gesicht, vorn, zu der gleichen pensiven Grimasse verformt! Oder : »... ein hochmütiges Lächeln spielte um seinen rechten Mundwinkel ...« – mein Gott, muß ich dabei albern aussehen; denn ich kann nun einmal nicht unsagbar hochmütig lächeln, und schon gar nicht mit dem rechten Mundwinkel für sich; das ist auch so eine Gabe, die mir das Schicksal versagt hat.

Das muß Vielen so gehen! Morgens, in der Straßenbahn, sieht man deutlich die Verheerungen, die die Schriftsteller unter uns anrichten; wie sie uns ihre Gedankengänge, die verruchtesten Gebärden, aufzwingen. Gestern hob der junge Mensch mir gegenüber – er ist Student an der Technischen Hochschule, und las einen mir übrigens unbekannten ›Tennessee Williams‹ (so hießen in meiner Jugend allenfalls die exotischen Verbrechertypen, ›Alaska=Jim‹ und ›Palisaden=Emil‹!) – also der hob den Kopf, und besah mich mit so unverhüllter Mordgier, daß ich mir davor bebend den Hut tiefer in die Stirn zog; auch eine Station früher ausstieg (beinah wär ich zu spät ins Geschäft gekommen. Wahrscheinlich hatte er mich langsam von unten herauf in Scheiben geschnitten; oder in einen Sack gebunden, und mich von tobsüchtigen Irren mit Bleischuhen zertanzen lassen!).

Oh, der Zeitungsroman, der Zeitungsroman! Neulich stand mitten im Text die nichtswürdige Wendung : »... er wandte den Kopf, langsam, wie Löwen pflegen ...« – am nächsten Morgen machte die Hälfte der Mitfahrer den Eindruck, als hätte sie Genickstarre; sie blinzelten und schnarchten verächtlich verzögert. Auch mit den jungen Mädchen war an dem Tage nicht auszukommen; sie schienen alle die Taschentücher vergessen zu haben, und bestarrten uns

Männer aufs unverschämteste. Erst später erfuhr ich, daß es im Konkurrenzblatt geheißen hatte : »... sie rotzte frech ...«

Von Kind auf habe ich darunter gelitten! Während der Lehrzeit bei Henschel & Cie. las ich einmal, wie ein junger Mann seinen Chef durch hohe Freimütigkeit derart gewann, daß er ihn später zum Teilhaber erkor – : am nächsten Tage wäre ich beinah geflogen!

Meine zweite Freundin – solche Figur hat heut Keine mehr! – habe ich dadurch verloren. Sie las – völlig richtig! – in den entscheidenden Tagen Heinses schwülen ›Ardinghello‹; während Satan mir die ›Mittlere Sammlung der Reden Gotamo Buddhos‹ in die Narrenhände gespielt hatte : folglich versuchte ich soeben, meine Ration auf das dort vorgeschriebene eine Reiskorn pro Tag herabzustimmen (beziehungsweise die landesüblichere Magnum Bonum), und hoffte vermittels solcher Diät binnen kurzem die gebührenfreie Überwindung von Raum und Zeit zu erlangen. Hatte auch den Kopf voller Wendungen à la »... einsam, wie das Nashorn wandelt ...«; und versuchte ihre Bluse erstorbenen Willens zu besehen – ich kann mich selbst nicht mehr achten, wenn ich an jene Tage denke!

Dabei laboriere ich auch heute noch an den gleichen Problemen. Ich muß zwangsläufig und verstohlen die Lektüre meiner Frau kontrollieren, nur um zu wissen, was sie denkt. Ich tue das regelmäßig, seitdem sie einmal acht Tage lang so kalt und haßvoll tat, daß selbst ich Scheidungsgedanken erwog – bis ich herausfand, daß in ihrer Fortsetzungsgeschichte der Held soeben die Heldin betrogen hatte, und allerlei Haß und Wut stattfand. Ich habe schon versucht (heimlich, versteht sich!) sie zu lenken : indem ich ihr üppige Lektüre unterschob; es gibt ja Autoren, die einen Hautana mit Inhalt dergestalt zu beschreiben verstehen, daß selbst graubärtige Prokuristen toll werden. (Aber damit muß man auch vorsichtig sein, daß man nicht überdosiert; ich bin nicht mehr der Jüngste!). (Meinem Hauswirt müßte ich einmal eine Geschichte von edelmütigen Gläubigern in den Briefkasten schieben).

Diese Brüder – die Dichter – machen letzten Endes mit Einem, was sie wollen; sei es, daß sie Einem die segensreichen Folgen des regelmäßigen Genusses von Sanella vorgaukeln; sei es, daß man nur noch in ihren Formeln, Wortfügungen, Redensarten stottern kann. Ich habe eine Sommerreise verschoben, nur weil ich vorher die genial=scheußliche Schilderung eines Eisenbahnunglücks gelesen hatte. Andererseits bin ich in die Emsmoore gefahren – meingott, was für ein Land! : mit den Bewohnern kann man sich nur durch Zeichen verständigen; nie werden die Füße trocken; und der Regen, der regnet jeglichen Tag – und nur, weil ein Dichter Liebesszenen dort lokalisiert hatte; Liebesszenen! : angeblich floß die Luft dort grundsätzlich heiß, wie flüssiges Glas; und die Mädchen nahmen freiwillig Stellungen ein, wie man sie sonst nur aus Tausendundeinernacht kennt – – : *ich will nicht mehr lesen!!*

Eigenen Gedanken soll ich mich überlassen? Davor möge mich Gott bewahren! : meist habe ich gar keine; und wenn wirklich, dann sind die auch nicht erste Qualität. Ich habe ja alles versucht; ich bin wissenschaftlich geworden; ich habe mir eine ganze Sammlung von Werken über den Mars angelegt, ausgesprochene Autoritäten, von Schröter über Schiaparelli bis Antoniadi und Graff : wenn ich dann im Geist über den rostroten Wüstenboden von Thyle I oder II wanderte, und in flechtenüberkrustete Felslabyrinthe einbog – bummelte nicht um die nächste Ecke schon Frau Hiller, einsam und listig? (Oder, noch schlimmer, die verdorbene Kleine vom Drogisten an der Ecke!). Geschichtliche Werke? : ich habe mich gewissenhaft in das Zeitalter Cromwells vertieft; und unverzüglich die Kollegen durch ein trotziges und verwildertes Benehmen überrascht; tat seltsame Schwüre : »Bei Gott und dem Covenant!«; unserm Einkäufer schlug ich vor, seinen Sohn zu taufen ›Obadja-bind-their-kings-in-chains-and-their-nobles-with-links-of-iron‹.

Schlafbücher müßte es geben : von zähflüssigstem Stil, mit schwer zu kauenden Worten, fingerlangen, die sich am Ende in unverständliche Silbenkringel aufdrieseln; Konsonantennarreteien (oder höchstens mal ein dunkler Vokal auf ›u‹) : Bücher *gegen* Gedanken.

Was soll ich bloß tun?!

FLUCHT VOR DEM WERK

Zugegeben : zunächst ist es durchaus so, daß der Schriftsteller sein erstes gedrucktes Buch mit hoher Lust betrachtet; ein Gefühl, keinem anderen vergleichbar. Weiß man doch nur zu genau, wie man selbst die alten vergilbten Bändchen irgend eines Lieblingsdichters entzückt gelesen, und ehrfürchtig hin und her gewendet hat : allein die Möglichkeit einer direkten persönlichen Einwirkung noch nach Jahrhunderten ergibt einen berauschenden historischen Hintergrund – das wohl handgreiflich=größte Stückchen »Unsterblichkeit«, das uns Menschen erreichbar ist.

Und konsequent trägt ETA Hoffmann am 26. Oktober 1803 in sein Plozker Tagebuch ein : »Mich zum ersten Mal gedruckt gesehen im Freimütigen. Habe das Blatt zwanzigmal mit süßen, liebevollen Blicken der Vaterfreude angeguckt : frohe Aspekten zur literarischen Laufbahn!« Goethe gibt zu : »Schon meine Mitschuldigen hätte ich gern gedruckt gesehen!«; und vom Goetz : »Mir gefiel es gar nicht übel, meine wilde dramatische Skizze nach und nach in sauberen Aushängebogen zu sehen; sie nahm sich wirklich reinlicher aus, als ich selbst gedacht.« Und Fouqué, der Schöpfer der »Undine«, gesteht aus der Zeit seiner Schlegelschen Schülerschaft : »Ich war dazumal wie besessen von einer albernen Lust, mich gedruckt zu sehen, und zwar in ausnehmend eleganter Form.«

Theoretisch möchte man nun folgern, daß das so bleibe; daß der Dichter keine angenehmere Erholung kenne, als in einer Freistunde seine Werke wieder einmal zur Hand zu nehmen, lächelnd und nickend darin zu blättern, und überhaupt »recht was auf sich zu halten«, wie Hoffmann es später ironisch formuliert hat. Wie befremdlich klingt da zunächst die Wahrheit!

So schreibt klipp und klar Jean Paul anläßlich der Vorrede zur zweiten Auflage der »Grönländischen Prozesse« : »Bei dieser Gelegenheit lernte ich dasselbe, da ich es seit mehr als anderthalb Vierteljahrhunderten nicht angesehen, wieder kennen, und las es völlig durch.« Als Wieland bei Gelegenheit der Herausgabe »Sämtlicher Werke« seine Jugendarbeit, »Die Natur der Dinge«, mit aufzunehmen beschloß, erfahren wir, daß er es nach siebenundzwanzig Jahren zum erstenmal wieder in die Hand nahm; und so groß war die Entfremdung gegenüber dem Text geworden, daß er, um Anmerkungen ersucht, bei manchen Stellen bekennen mußte, er wisse nicht mehr, was er seinerzeit dabei gedacht oder gemeint habe! Und das ist gar nichts Einmalig=Erstaunliches : der englische Dichter S.T. Coleridge setzt mehrfach unbefangen Anmerkungen wie diese unter seine Arbeiten : »Das sind ausgezeichnete Verse – obwohl, ich, der Verfasser, das selbst sage – dennoch soll man mich hängen, wenn ich jetzt noch weiß, was ich dabei gedacht habe!« Am 27. Januar 1799 sitzt Jean Paul mit Wieland, Schiller, Herder und Goethe am Tisch – welch eine Tafelrunde; wer würde nicht ein Jahr seines Lebens für einen Platz dabei geben! – »Hier sagte mir Goethe, der nur allmählig warm werden will : er habe seinen Werther zehn Jahre nach dessen Schöpfung nicht gelesen, und so Alles : wer wird sich gern eines vorübergehenden Affekts, des Zorns, der Liebe, usw. erinnern?«

Hier ist man einer Erklärung des bestürzenden Phänomens schon ganz nahe : so tief ist das Erlebnis gewesen, so giftig=klar hat man sich Alles machen müssen – um es in bewußt niedergeschriebenen Worten fixieren zu können : man durfte nicht einfach unbekümmert »fühlen«, wie die glücklich Anderen! – so schamvoll=aufreibend hat der Dichter aus seinen Adern mitstenografieren müssen, daß er später instinktiv aus Selbsterhaltungstrieb jede Erinnerung an das Erlebnis flieht! (Natürlich wird er logischerweise dann darum »ärmer«, löst sich langsam auf, in sein Werk). Und nun ist Fouqués Geständnis auf einmal doch wieder »natürlich«, wenn er am 6. Juni 1810 einem Freunde schreibt : »Ich saß gestern Abend allein in der großen Halle, die Anderen waren alle ausgeflogen. Es gewitterte, und die Luft war grau und rot und zuckte. Ich griff mir auf dem Klavier Miltitzens Komposition des Narrenliedes, und nahm dann meinen Alwin selbst zur Hand, um darin zu blättern : ich vermochts nicht! So maßlos folterte mich die Erinnerung, daß ich aufschrie, und mich vor dem Buch verbarg!«

Denken Sie also in Zukunft, wenn es wieder einmal im Radio heißt : »Der Dichter liest aus seinen Werken«, auch hieran : daß er wahrscheinlich lieber alles andere tun möchte.

ICH BIN ERST SECHZIG

Ich ging damals hin, wie ich zu allen Auktionen gehe : nicht um zuzusehen, wie Mutters Wintermantel und Überschuhe versteigert werden (und hinten in der Ecke erkennt man genau das graue schluchzende Gesicht der Tochter – nicht Mörder nur werden nämlich immer wieder an den Tatort gezogen; auch die Armen); dann setzt sich wohl eine dicke Person mit dreidoppeltem Unterkinn in den Korbsessel, und bietet mit, indem sie mit der Regenschirmspitze halb die Luft vor »ihren« Gegenständen anritzt; oder nutzlose alte Möbelchen werden vorher mehrfach laut als »Brennholz« bezeichnet, um den Preis zu drücken – wie gesagt, deswegen nicht. Ich brauche die Reste meiner Phantasie, um damit die wenigen Sachgebiete zu beheizen, die mich vor völliger Erstarrung bewahren : ich gehe hin, wegen der Bücher.

Bücher sind immer meine große Leidenschaft gewesen. Nicht diese neuen, grell eingebundenen; aber wenn ich so ein Bändchen von 1850 anfaßte – leicht wie Federn sind die alten Dinger gegenüber unseren schwerpapierigen rauhen Tafeln – überkam mich stets etwas von dem Geiste des Alten, längst Ausgestorbenen, der sich da monate= und jahrelang um irgend ein (heute absurdes) Problem gemüht hatte. Wie unwillig war ihm der Mund im Gesicht herum geglitten, wenn ihn spät abends die Frau vom Schreibtisch abrief – und er mußte doch nächsten Morgen wieder im strammen Büro sein! Was hatten die alten Männer gearbeitet! (Bald würde auch ich einer sein; triefherzig, mit zähem Ideengewackel, fingerschläuchig, ein weißer Greis, gack, gack)!

Also die Bücher.

Ich war mit meiner Frau hingegangen, und sah bereits von ferne das abgewetzte Regal, und den hageren Alten, der davor lungerte. Konkurrenz muß man wittern und hassen. Witterte und haßte ich also den kleinen Dürren, und sah ihn von oben an : ich bin zwei Meter groß und kann das sehr.

Er erwiderte mit giftigen Blicken von unten den Guerillakrieg; schob sich aber (sein Interesse zu verbergen?) langsam beiseite.

Mist. Ziemlicher Unfug zuerst. Billige Sachen; das heißt solche, um die sich ein Geist, durchs Alter historisch geworden, gar nicht mehr kümmert. Das Leben ist so kurz! Selbst wenn Sie ein Bücherfresser sind, und nur fünf Tage brauchen, um ein Buch zweimal zu lesen, schaffen Sie im Jahre nur 70. Und für die fünfundvierzig Jahre, von Fünfzehn bis Sechzig, die man aufnahmefähig ist, ergibt das 3.150 Bände : die wollen sorgfältigst ausgewählt sein!

Dann aber erschien eine – verhältnismäßig – rare Sammlung von Werken, das alte Königreich Hannover betreffend. Niedersachsen war stets meine große Liebe gewesen (ich bin Hamburger!); und ich notierte, im Betasten der Bände, die Eifersucht des Rivalen : wie er näherkam; wütend kaute; die Hände in den Hosentaschen sicherstellte; ich konnte ohne Leiter schamlos bis in die obersten Reihen langen. (Und tat es, ihn zu demütigen, mit bordellenen Griffen.)

Meine Frau mußte die kleine Tabelle herausnehmen, auf der ich die Jahrgänge des hannoverschen Staatshandbuches verzeichnet hatte, und wir verglichen laut, unbekümmert, herausfordernd (nachdem ich sie durch ein paar Silben auf den Greis zur Rechten aufmerksam gemacht hatte). Entweder ein Fanatiker; oder mit zuviel Syndetikon im Blut.

Schon schob er sich näher, und bat : »Wollen wir unsere Interessensphären nicht abgrenzen?«. Leider stellte sich heraus, daß wir dieselben hatten. Er zögerte; zitterte; (mochte 70 sein); und bat (schlechte Nerven) schon jetzt um Pardon : es sei die Bibliothek seines Freundes.

Curt Heinrich Conrad Friedrich Jansen hatte zeit seines Lebens sämtliche Bände Staatshandbücher des ausgestorbenen, abgewrackten, Königreiches Hannover gesammelt; und dann eine Kartei begonnen, in der er das gesamte Personal damaliger Zeit erfassen wollte. (Er versprach mir Proben der Arbeit!). Er sei sein »geistiger Erbe« und *müsse* den Handapparat erwerben. Sonst die

Seele keine »Ruhe«. Die Drohung verfing nicht : ich war über zwei Meter groß!

Er unterschrieb einen Vertrag, gemäß welchem, nach seinem Tode, das ganze Material an mich fallen mußte. Er bat und flehte darum.

Die Versteigerung begann. Ein anwesender Antiquar bot hundert Mark für den »ganzen Laden«; wir hundertundfünf; er hundertzwanzig : ich drückte »meinem« Alten weitere hundert in die Hand; der Buchjobber verstummte unbeteiligt=ungehalten. Für Einhundertvierzig Mark erwarben wir ein Leben. Ich Idiot half meinem Alten noch, die Bände und Karteien auf einem Handwagen heimziehen.

Ich besuche ihn oft, und kontrolliere, ob er die Kartei auch redlich weiterführt. Natürlich kommen wir oft in eine Art Gespräch. Er trinkt gern meinen Nescafe; weiß aber unheimlich viel vom alten Königreich Hannover; eine Skylla in Worcestertunke. Ich auch.

Aber ich kriege ihn : er ist Neunzig; ich bin erst Sechzig.

NEBENBERUF : DICHTER?

Nicht etwa eine Ostdeutsche Zeitung war es – dort weist man sehr wohl dem Schriftsteller seine, wenn auch arg eingeschränkte, »Funktion« in der Gesellschaft zu – sondern ein Österreichisches Blatt, in welchem kürzlich ein angesehener Kritiker es ganz offen aussprach : daß der Nur=Dichter keine Daseinsberechtigung mehr habe; dergleichen Schmetterlinge könne sich die schwer arbeitende Menschheit nicht leisten! Da der betreffende Herr gleichzeitig Verleger ist, also immerhin davon lebt, daß er Bücher – die ja irgendwie geschrieben werden müssen – verkauft, muß er also der Ansicht gewesen sein, daß sich »Dichten« als Nebenberuf, in der Freizeit, betreiben läßt.

Und läßt sich das nicht sogar »beweisen«? : War nicht Schiller im Hauptberuf Universitätsprofessor; ETA Hoffmann nicht Kammergerichtsrat; Lessing nicht Bibliothekar; selbst der große Goethe nicht zehn lange Jahre hindurch fleißigster Staatsminister? Und was haben diese Leute nicht als Dichter geleistet : da werden unsere druckgeschwärzten Epigonen doch auch nicht zu gut sein, sich ihr Brot durch ehrliche Arbeit zu verdienen!

Gewiß; Schiller war Dozent, und kein schlechter; und er dichtete »nebenbei«, – und er starb mit 46 Jahren, sinnlos verbraucht, wie eine an beiden Enden angezündete Kerze! Und Hoffmann hat am Tage pflichtgetreu in Akten gewühlt; und nachts mit flackernder Hand die glühenden Gebilde gestaltet, an denen sich noch heute der Leser »ergötzt« – und er ist, ohnehin von schwächlichem Körper, mit 45 vergangen. Und der von der Natur mit robuster Gesundheit ausgestattete Goethe war 10 Jahre lang Minister – und schrieb während dieser Zeit kaum eine Zeile; bis er sich endlich, von Grauen ob seiner geistigen Erstarrung geschüttelt, durch eine förmliche Flucht nach Italien »rettete«, d. h. wieder ins Land des Geistes zurückkehrte.

Ist man sich in Leserkreisen überhaupt klar darüber, was ein Dichter an rein handwerksmäßiger Ausstattung mitbringen muß? Lassen wir einmal die erst in zweiter Linie kommenden »Naturgaben« beiseite – also den angeborenen Sinn für Rhythmus und Wohlklang, für Naturschönheit und dichterische Situationen – unausgebildet befähigen sie zum, auch schon seltenen, »guten Leser«. Aber der gute Schriftsteller muß auch einen aktiven Wortschatz haben, der das mehrfache von dem des Durchschnitts beträgt; er kann gar nicht groß genug sein : »Ich habe drittehalb Tage über einer einzigen Strophe zugebracht« schreibt Wieland unruhig an Merck während der Arbeit am Oberon : »wo im Grunde die Sache auf einem einzigen Worte, das ich brauchte und nicht finden konnte, beruhte. Ich drehte und wandte das Ding und mein Gehirn nach allen Seiten; weil ich natürlicherweise gern die nämliche bestimmte Vision, welche vor meiner Stirn schwebte, auch vor die Stirn meiner Leser bringen möchte, und dazu oft von einem einzigen Zuge oder Reflex Alles abhängt.« Natürlich darf man gleich wieder spöttisch einwenden : seliger Beruf, wo man sich 60 Stunden um ein einziges Wort mühen kann; wir, bei der Dresdener Bank – – gewiß! Aber meinen Sie tatsächlich, daß ein Dichter göttliche Verse nur so hinsprudelt; daß Goethe umsonst Eckermann eingestand, wie er froh sei, wenn ihm am Tage »eine Handbreit Zeilen« vom »Faust« gelinge? Wasser im Mondschein als »mildeblitzend Glanzgewimmel« zu sehen, setzt nicht nur unerhörte Konzentration voraus, sondern bedeutet auch mehrere, immer wieder durchgestrichene und weggeworfene Notizzettel! – Zu dieser Ausweitung des verfügbaren Wortschatzes gehört nicht nur immer neue Lektüre, sondern ebenfalls die Erlernung mehrerer Sprachen; das ermöglicht Assoziationen, Anklänge an Ähnliches : »harp« heißt im Norwegischen »Egge« : schon tastet die Hand zum (auch nachts stets daneben liegenden) Block – aber was ist das dann für ein Schlaf!? – und kritzelt : »Eine Egge harfte die Erde«. Außerdem braucht man Fremdsprachen für die leider stets notwendige Brotarbeit des Übersetzens; und was es bloß an regelmäßiger Lektüre kostet, nur um sich den Besitz von einem halben Dutzend Sprachen zu erhalten, weiß ja wohl Jeder! –

Es ist schon traurig genug, daß ein Dichter, der Unwiederholbares zu leisten imstande wäre, zeitraubende Brotarbeiten »nebenbei« betreiben muß. Aber selbst so ist der Substanzverlust in diesem zehrendsten aller Berufe unerträglich : »Ich habe mich an meinem Roman auf den Hund gearbeitet – daß ich manchmal zusammenschaure und zittre wie ein Espenlaub im Wind« schreibt Scheffel vom »Ekkehard«. Tieck warnte Jeden vor dem »grausamen Metier«. »Ich hab es ihm oft gesagt : Herr Legationsrath, Sie arbeiten sich zu Tode« berichtet Jean Pauls Wirtin : »dann saß er da, die Augen groß und rot aus dem Kopfe heraus stehend, und sah mich lange an, ehe er sich besinnen konnte; und wenn er endlich aufstand und die Treppe herunter kam, da schwankte er hin und her, und ich ging, ohne daß er es merkte, vor ihm, damit er keinen Schaden nähme.« Selbst im geselligen Kreise übermannte Lessing, völlig verbraucht mit fünfzig Jahren, unwiderstehliche Schlafsucht, »so daß er unmittelbar aus der lebhaftesten Unterhaltung in dumpf bewußtloses Schweigen verfiel«. Swift, Nietzsche, Hölderlin, endeten im Irrsinn; Scott, Kant, Newton, waren im Alter stumpf und verstanden ihre eigenen früheren Bücher nicht mehr. –

Dichter im Nebenberuf? : nein; es geht wohl doch nicht!

DIE BROTARBEIT.

Freilich, schön wär' es schon, wenn die Vorstellung des Publikums vom Dichter zuträfe : schandbar begabte Burschen, die, wenn sie Geld brauchen, mit leichter Hand ein paar unsterbliche Verse aufs Papier werfen; sogleich wird ihnen das Manuskript vom Verleger, – Mäzen und Kenner in einem – mit Gold aufgewogen; und sie ziehen lachend weiter, ewig fröhliche Wanderburschen, gewissermaaßen die Schmetterlinge in unserer harten Arbeitswelt, gelt ja?!

Dabei ist es genau umgekehrt! Je vollendeter ein Vers klingt, um so mehr Arbeit hat er gekostet; ein gewisser Goethe, dem es doch wahrlich nicht an Talent mangelte, gestand freiwillig, daß er mit aller Anstrengung täglich durchschnittlich »eine Handbreit« am Faust zusammenbekäme. Was den Verleger anbelangt, so ist das in allererster Linie ein Kaufmann; ein Händler mit bedrucktem Papier, für den die Frage des »Absatzes« entscheidend ist. Je besser ein Buch, desto anspruchsvoller, »schwerer«, ist es auch; stellt größere Anforderungen an Kenntnisse, an das Ohr des Lesers, an sein Gefühl für Wohlklang und Rhythmus : desto kleiner also zwangsläufig der Käuferkreis! Jeder Autor wird auf Befragen die traurige Tatsache bestätigen, daß er von seinen eigentlichen dichterischen Werken nicht leben kann; eine Absurdität, die vielleicht am eindrucksvollsten in der Kurzformel wirkt : je höher die Leistung, desto geringer der Verdienst!

Und konsequenterweise erlebt man in der Literaturgeschichte immer wieder das niederschlagende Schauspiel, daß ein Geist, bestimmt Besseres – oft das Höchste – zu leisten, sich mit nichtswürdigen Brotarbeiten herumschlagen muß; wie er noch froh und dankbar zu sein hat, wenn er einen langwierigen schlechtbezahlten Auftrag erhält; und um des lieben Brotes willen viele Monate lang mittelmäßigste Tagelöhnerarbeiten verrichten muß. Als nächstliegendes bietet sich da grundsätzlich das Übersetzen an : als Fachmann für Sprache beherrscht man ja grundsätzlich mehrere davon, die eine besser, die andere schlechter; also schreibt man, buchstäblich »der Not gehorchend; nicht dem eignen Triebe«, an den Verleger : »Haben Sie nicht etwas zu übersetzen für mich?«

Sofort treten die befremdlich=verständlichsten Phänomene auf. Es ist ja ganz selten, daß sich ein wohlhäbiger Dichter das jahrelange Studium eines Lieblingsautors erlauben kann, und dann nach endlos sorgfältigen Vorstudien dessen Meisterübertragung vollbringt : wohl hat sich Ludwig Tieck so den Shakespeare ausgesucht und den Cervantes; Johann Heinrich Voß den Homer und Virgil; Wieland den Lucian und Cicero. Aber gewöhnlich erhält der übersetzende Dichter vom Verleger irgendein Reißerprodukt des Auslandes vorgesetzt, mit dem das liebe einheimische Publikum schleunigst bekanntgemacht werden muß; heute ist es oft gar so, daß ein Termin beigefügt ist, da in 4 Wochen der Film uraufgeführt wird, und die Scharteke dann sofort vorliegen muß. Also setzt der Dichter sich dazu, und liefert, in der Zwischenzeit hübsch gleichmäßig von Alkohol, Kaffee und Aspirin aufrechterhalten, das Buch »termingemäß« ab.

Woraus sogleich ein zweites Ergebnis folgt : man denke sich als naiver Leser doch ja nicht, daß es dem Dichter »hohe Seligkeit« sein müsse, einen verwandten Genius zu übersetzen! Im Gegenteil : je platter und simpler der Text; je geringer der Wortschatz des fremden Romanschreibers; kurz, je »einfacher« die verhaßte Arbeit, desto angenehmer für den Geplagten! Bedauernswert der Unselige, der gar noch einen »anspruchsvollen« Ausländer vorgesetzt erhielt; fluchend wird er sich durch den schwierigen Text hindurchmaulwurfen, im schrecklichsten aller Zwiespalte : wohl könnte er die feine Goldschmiedsarbeit nachahmen, wenn er sich hinterdrein nur nicht mit dem armseligen Gedanken plagen müßte, »Geld« dabei verloren zu haben. Daher dann auch die anstößigsten Fehler und Mißverständnisse in jenen ersten, auf Bestellung angefertigten Übertragungen.

»Hast Du nichts zu übersetzen?« fragt Lessing den Vetter Mylius;

und schustert dann Rollins 16bändige »Römische Geschichte« ins Deutsche; oder 4 Wälzer »Arabische Geschichte zur Zeit der Kalifen« des Abbé Marigny. Was wird Matthias Claudius, eben als darmstädtischer Beamter entlassen, im heimischen Wandsbeck tun? : »Befiehl Du Deine Wege : Asmus fortführen, und – übersetzen.« »Du weißt, was für Kunststücke ich kann« fragt der alternde Fouqué verschämt den Verleger Perthes, und dann zählt er seine zehn Fremdsprachen auf : »Hast Du nichts zu übersetzen?« (in der Zeit blieb sein gewaltiges Epos vom »Parzival« liegen; wie es nebenbei heute noch ungedruckt in Tübingen modert). Poe, selbst die Genies nennen ihn ›Genie‹, mußte immer wieder die Arbeit an seinem in geisterhaft=widersinnigen Glanz getauchten »Gordon Pym« unterbrechen, um Übersetzungen und »Bearbeitungen« vorzunehmen, wie etwa von Lemonniers läppischer Kompilation über »Naturhistorie« : nur weil er von seinen eigenen zauberhaften Geschichten nicht »leben« konnte!

Wenig verwunderlich also die Verwünschungen aus Dichtermund über eine Profession, bei der man je hungriger wird, desto besser man sie ausübt; von der man willig in Zeitungen und Literaturgeschichten bekennt, daß sie der Stolz der Nation sei – während ihre Träger sich, um nur zu existieren, zuschanden arbeiten müssen. Welch ein vernichtender Urteilsspruch aber auch für Regierungen und Lesewelt! Jedem Deutschen sollte beim Namen Schiller Röte ins Gesicht steigen; aber nicht die des Stolzes, sondern der Scham : in Blutstürzen, durch Überarbeitung zugezogen, endete der große Mann, fünfundvierzigjährig, sein unersetzliches Leben; als er starb, war alles Geld aufgezehrt; für den schäbigen Sarg waren nur »etwas über drei Thaler« aufzutreiben; eine einzige Kerze beleuchtete den aufgebahrten Toten; zwei armselige Fackeln begleiteten den Leichenzug.

Hätte man ihm also mehr zu übersetzen geben sollen, wie?!

SCHULAUSFLUG.

Ans Fenster treten. (Nicht die Stirn an die Scheibe drücken; das kommt höchstens in starkgebärdigen Schundromanen vor; in Wahrheit erlaubt das die Zentralheizung gar nicht, oder das lang=schmale Kacheltischchen; und der besagte Körperteil wird auch bloß rot gedrückt und schmutzig).

Spatzengeschrei machte feine Schlitze in den Rundumkrach des Verkehrs. Wind raffte aus allerhand Abfall einen Staubkerl zusammen, der mußte walzen (bis das nächste Auto ihn lang zog und zu Tode schleifte; samt seinem einen Papier). In meiner Höhe dann rote Kastanienblüten; auf hundert Balkons ringsum Liegestühle voller Geschöpfe, die ›braun werden‹ wollten; ältere, klügere, richteten Riesenschirme gegen die sengende Maiensonne, marktweibergroße, und von einer Farbigkeit, daß einem die Augen gellten : waren also auch nicht klüger; bloß älter.

Älter : und mein Bein tat mir wieder weh! Kann es denn sein, daß Mitte Vierzig das Fußgewölbe eben einfach nachgibt? Daß man sich eines schönen Abends unversehens als glücklichen Besitzer eines Paars derber Plattfüße wiederfindet? ›Life begins at forty‹; und bitter nicken.

Freilich, wenn man Geld hätte ...... Ich wüßte es jetzt schon richtig anzuwenden : ein winziges Häuschen in der Heide (achttausend höchstens; nicht wie diese Bausparkassen, die mit Zwanzigtausend um sich werfen, als wär's ein bloßer Silbenfall); im Ställchen eine Isetta; Eintausend erlesene Bücher : einmal in aller Ruhe die ›Insel Felsenburg‹ durchgehen können, den ›Nachsommer‹, oder Lessing von A bis Z; zur Nacht ein richtiges Bett zum Drinniederlegen (nicht mehr dieses dürre indianerrote Gestelle von Schlafcouch!); nichts mehr ums liebe Brot schreiben zu brauchen, keine ›experimentelle Prosa‹ mehr, keine feinsinnigen ›Essays‹, keine ›Nachtprogramme‹; an Uhren werden nur die lautlosen geduldet, die mit Sand und Sonne, oder höchstens im Korridor eine alte Standuhr, die alle Ewigkeiten, nachdem man vieles und vielfältiges gedacht hat, vor sich hin ›Mnja‹ sagen. Den Mond untergehen sehen, über Wieseneinsamkeiten, ganz rot würde das silberne Wesen geworden sein, wenn es einsank in Dunstband und Kiefernborte ...

Ein Motorradfahrer explodierte vorüber – das sind die allerschlimmsten! – : das Papier war ihm aufgegangen, und er zeigte wütend=ergeben mit der blanken Salami die neue Richtung. Auch fuhren amerikanische LKWs viel Atommunition vorbei, und es stank unnachahmlich nach Benzin, nach Straßenschweiß, nach Niveacreme, was weiß ich.

16 Uhr 30? Da hätte Fräulein Mülhäuser dasein sollen, meine einzige ›Schülerin‹. (Ich hatte mal inseriert : ›Wollen Sie berühmt sein? Schriftsteller werden? Unterricht auf allen Gebieten schriftstellerischer Tätigkeit erteilt / Otto Lautenschläger‹.)

Und was hatte ich für Pech gehabt mit meinen Aspiranten! Die meisten waren total behämmert, und schrieben einen Stil wie Frenssens ›Sandgräfin‹ – also Edelkitsch; ein Reporter war darunter gewesen, der nur gekommen war, um einen (allerdings gut gemeinten) Artikel über meine Häuslichkeit zu veröffentlichen; ein Anderer hatte mich vor Gericht verklagt, weil er in meinem nächsten Buch ›seine Ideen‹ zu erkennen vermeinte – dabei hätte ein wirkliches neues Talent doch wahrlich niemand ekstatischer begrüßt als ich. Das hatte ich während meiner literarischen Laufbahn ja nun doch auch immerhin gelernt : das Gute als solches zu erkennen (wenn man es vielleicht auch nicht öffentlich anerkennen durfte : der Markt war ja so überfüllt, die Konkurrenz so groß; der Selbsterhaltungstrieb verbot einem, Leute, die nach 1870 geboren waren, zu rühmen!).

Ah, da kam sie über die Straße! Lang und knochig, Schritte wie ein Mann, die Arme ragten aus den Taschen des dunkelgrünen Ledermantels (das war auch so etwas Unergründliches : Einmal, in sehr vertrauter Stunde, ach es konnte Zwanzig Jahre her sein, hatte eine Frau mir anvertraut, daß solch ein Ledermantel – wir Männer wären freilich begeistert : Festigkeit, Glätte, Winddicht, Teuer & Solide – für eine Frau eine Strafe bedeute! ›Zum Ledermantel verurteilt‹ hatte das Abenteuer von einem Weibe es formuliert; eben weil das Stück nahezu unvergänglich wäre, ›schier dreißig Jahre bistu alt‹, wäre es ein Scheuel und Greuel in den Augen jeder mit der jährlich diversemal wechselnden Mode fortschreitenden Frau!). Und Ilse hier trug einen. Hm.

Klingeln – »Ja, bitte!«. – Und da stand sie in meinem Korridor, rothaarig und leicht sommersprossig; so groß wie ich; gelbgeränderte Brillengläser ritten über dem Irokesenprofil; da der Vater Direktor dreier hiesiger Textilfabriken war, half ich ihr aus dem schweren Ding.

Nach einem Jahr Unterricht (Stunde à drei Mark) wußte sie den Weg ins Paradezimmer. (Meine Wohnung bestand aus eben diesem – mit eindrucksvollen Bücherregalen an den Wänden; einem Rollschränkchen voller Leitzordner; einer Sitzecke – und außerdem einer verbotenen Zwergenküche, in der auch die dickbesagte Schlafcouch stand, alles armselig genug, was will man machen?). Ich rief ihr nach – absichtlich beiläufig; während des Mantelaufdenbügelhängens – »Sehen Sie sich mal die neuste Nummer der ›Kalebasse‹ an!« (Der mir befreundete Redakteur hatte nämlich endlich zwei von ihren Gedichten abgedruckt; die ich durch den anderen befreundeten Redakteur einer zweiten Zeitschrift sehr wohlwollend hatte besprechen lassen – was will man machen? : täglich drei Stunden à drei Mark, das sind rund Zweihundertfünfzig im Monat : wer's über's Herz bringt, werfe den ersten Stein!). Blieb ich also diskret lange draußen; während sie drinnen gierig mit den Zeitschriften raschelte. »Nehmen Sie sich die Exemplare mit, selbstverständlich.« gewährte ich großzügig.

»Obwohl!« und sah ihr streng in die selig=sommersprossige Gesichtsscheibe : »Zumindest die eine Wendung, ›Lautlos, wie die Araber, / ihr Zelt falten zur Nacht‹, von Longfellow expropriiert sein dürfte : ›.... shall fold their tents like the Arabs, / and as silently shall steal away ...‹!« Sie errötete bis fast zu Tränen, und gab's zu. »Aber die Übersetzung ist *so* gut,« fuhr ich, ihr zum Trost fort, »daß es für diesmal durchgehen mag. – Da gibt es ganz andere Fälle : was meinen Sie, was Adalbert Stifter alles gestohlen hat? Sein ›Hochwald‹ ist bis in die Einzelheiten der Handlung aus Coopers ›Deerslayer‹ entlehnt. Das ›Alte Siegel‹ haben Sie, wie ich Ihnen aufgab, gelesen?«. Sie hatte es, gehorsam und fleißig wie stets. »Da nehmen Sie sich jetzt mal den dicken blauen da heraus – jawohl, den! – und vergleichen Sie den Anfang von Fouqué's ›Zauberring‹ damit : sogar die Namen ›Hugh‹ und ›Hugo‹ sind dieselben : es ist eine rechte Schande!«

Und wir gingen gemeinsam durch, wie man so etwas macht – plagiieren nämlich; oh, sie lernte schon etwas bei mir! Wir arbeiteten zusammen nützliche Bücher durch, etwa Wielands ›Aristipp‹, aus denen sie die Technik des Briefromans studieren konnte. Sie las die Korrekturen meiner Bücher mit. Wir gingen gemeinsam in Bibliotheken, wo ich sie die Standardnachschlagewerke kennen lehrte, die ›Allgemeine Deutsche Biographie‹, die ›Encyclopädia Britannica‹, ›Schlichtegrolls Nekrolog‹; und wie man den ›Auswärtigen Leihverkehr‹ benutzt. Ins Funkhaus nahm ich sie mit, wenn ich, wie selten einmal, Geschichten vorlas, daß sie auch das aus dem Grunde erfuhr. Übersetzungen schrieb sie mir ins Reine (obwohl man mir da natürlich schon den Vorwurf machen konnte, ich benützte sie – auch bei Erledigung der Korrespondenz – als zahlende Sekretärin; hm).

Wieder Klingeln. – »Nanu? Ist das schon der andere Schüler? ....« Und ging zur Tür (ich hielt es für gut, diese Fiktion der ›anderen Schüler‹ ihr gegenüber aufrecht zu erhalten. Und *was* ich schon für Tricks angewandt hatte, um vor ihr zu verbergen, daß ich keinen Radioapparat besaß! Feinsinnigste Argumente hatte ich ins Feld geführt : daß ein Schaffender seine alten Arbeiten nicht mehr hören dürfe; sonst entstünde nichts Neues. Und all solchen Blödsinn. Aber sie hörte getreulich jede Rundfunksendung ab; und berichtete am nächsten Morgen darüber). Diesmal war es aber nur der Postbote; ein Eilbrief : die Übersetzung müßte spätestens in 14 Tagen abgeliefert werden, weil der Schmarren verfilmt würde! Ich legte ihr resigniert den Wisch hin, und sie studierte ihn besorgt : »Ja, ob wir das fertig kriegen? ......«

Rasch noch ihre Schulaufgaben durchsehen : »Also, Fräulein Mülhäuser, was heißt das ›Der Wortschatz des vom Hai um die Mitte Gepackten‹? : der macht doch höchstens noch ›Gacks!‹ – wohltönender Unsinn ist das!« (Natürlich alles psychologisch interessant; ihre Geschichte vom ›Weiterträumen‹, von der Frau, die nicht mehr zu träumen aufhören kann, so die Brackwässer von Ilses Nacht & Tag; und andere Einfälle von ausgezeichneter Unbrauchbarkeit, das heißt solche, die sie mit ihren 24 Jahren noch gar nicht bewältigen konnte). Heute war Sonnabend – also noch rasch die Aufgabe für Montag : »Schreiben Sie einen Essay – zumindest das Gerüst eines solchen – über ›Die Großhauswelten‹; das wird für die nächsten Wochen und Monate unser Thema sein.« Und ist ja auch eine, formal überhaupt noch nicht bewältigte Erscheinung unserer modernen Zivilisation : typisch für die Menschheit sind diese beiden geworden, das Einfamilienhaus und das Großhaus, das dem technischen Produkt und seiner Verwaltung gewidmete, also Fabrik, Kaufhaus, Bank, Postamt; andererseits die, aus der Stammesunterkunft der Primitiven weiterentwickelte Drillanstalt, à la Schule, Kaserne, Funkhaus, Parlament wo die Ältesten Palaver machen; Rummelplätze .....

(›Rede zum Richtfest eines Atommeilers‹ fiel mir ein : »Mit Vergunst ......« – *denen* würde ich was erzählen!!).

Was war das Letzte gewesen? : Rummel. Ich tappte mit der Handfläche auf den Tisch; ich sagte : »Fräulein Mülhäuser, es dämmert bereits : kommen Sie mit auf den Messplatz; Sie wissen ja, ›Greift nur hinein ins volle Menschenleben‹; übersetzen kann ich auch noch nach Mitternacht – nehmen Sie den Notizblock mit, wir machen Studien, wir gehen auf Bilderjagd : Schulausflug!«. Sie errötete; sie stotterte : »Wir haben eigentlich Besuch; mein Bruder, der Theologe ....«. »Ah, natürlich. – Also lassen wir's,« sagte ich ernüchtert (ich hab ja auch gar kein Geld; war ohnehin unvorsichtig, sie einzuladen; da muß ich dann als Kavalier bezahlen; ich : der Direktorstochter!). Aber sie errötete schon wieder so lieb, und arbeitete mit den großen Händen : »Ach nein, ich komm' ja gern mit; ich ruf' nur schnell zu Hause an ......«

Dämmerung durch die Straßen. Der volle Mond schräg verankert im Wolkenstrom : »Heute Nacht findet überdem eine totale Mondfinsternis statt, sehen Sie sich die an; die nächste ist erst wieder in vier Jahren.« Und geleitete sie zur nächsten Telefonzelle.

(Seltsam so draußen zu stehen : das gelbe Eisengerippe, mit Glastafeln ausgefüllt; drinnen hantiert die Lange, am Ohr das schwarze Gerät; dreht sich her, als spräche sie von mir; schweigt zehnsekundenlang; am andern Ende mag eine Villa liegen, zwanzig Zimmer, eine distinguierte Mutter hebt die Brauen, im Hintergrund grunzt ein dicker kurzer Vater) : »Na?!« Und sie strahlte mich grausam an : »In Ordnung!«.

Schon wurde der Krach lauter, die Häusermauern flackerbunter. Oben flog ein kleiner dicker Zeppelin, unten der Mann am Scheinwerfer hatte genug zu tun, ihn anzustrahlen. Und Schlangenmenschen, Sektmarken, Tänzerinnen machten Reifen aus ihren Armen und drehten sich selig darunter; Bratwürste sprühten Fettfunken; ›Mach mal Pause‹ im Lichterwald; dreitausend Menschenmädchen machten dünnlange Beine; rotlöchrige Gesichter; Burschen überschlugen sich in Schiffsschaukeln; Arme drängelten, Bänder sprudelten, Gürteln natternbillig; dicke Schützen brummten hinter Wangen, Teddies kauerten sklavenbunt.

»Ach, da; mein Bruder!« Sie verschluckte den letzten Wurstzipfel beinahe, und zeigte mit den Augen auf den langen Studenten, der, wie aus schwarzen Röhren erbaut, eben auf uns zu kam; mit hohem steifen Kragen und kirchenpräsidentenem Gesichtsausdruck. »Mein Bruder Gerhardt ....« stellte sie leicht beklommen vor; und ich erkannte an dem ›steinern‹ sein sollenden, aber wie gekocht wirkenden Austernauge nicht nur den habituellen Brillenträger, sondern auch den korrekten Akademiker, der sich durch Autopsie überzeugen will, wer dieser ›Lehrer‹ seiner Schwester eigentlich ist. »Ich kenne einige Ihrer Bücher,« ergänzte er undurchdringlich (hoffentlich nicht die ganz frühen, den ›Sataspes‹ oder das ›Haus in der Holetschkagasse‹!). »Und Sie sind bei Ihrer Doktorarbeit? Darf ich fragen?« Er nickte gemessen von seinen sieben Fuß Größe herunter : ich durfte fragen. »Das Buch Henoch« erklärte er kurz und abweisend, à la : kennt ja doch Niemand außer mir.

»Henoch« sagte ich nachdenklich : »Das hab' ich früher immer gern gelesen.« (Und starkes Nicken in Erinnerungen hinein). Er drehte mir das gerunzelte Gesicht zu, mit dem man Konkurrenten wittert; auf der andern Seite begann Ilses Antlitz zu strahlen – sie kannte mich und meine bemerkenswerte Lektur; sie war auf alles gefaßt. »Ich kenne natürlich nur die Übersetzung beim Kautzsch,« sagte ich kalt; »während Sie ja sicher koptisch können –« (er bestätigte, ruckartig aus den Hüften heraus) »– aber mich hat die danteske Art zu schildern – genauer sollte man natürlich sagen : Dantes henochoide Art – immer sehr interessiert; zumal, wenn man im Besitz des Schlüssels, der kosmologischen Anschauungsweise ist, dann gibt es ja nichts Aparteres.« »Die babylonische Ziggurat« bestätigte er hochmütig, »obwohl auch da natürlich vieles noch unklar bleibt; wer wird denn auch eine Apokalypse bis ins Letzte verstehen wollen!«. »Was meinen Sie jetzt speziell mit ›unklaren Stellen‹?« fragte ich; »Babylon natürlich; davon wissen wir viel zu wenig; aber es ist ja ein ganz anderes, alles erläuterndes Weltbild da.« »Nun« sagte er geduldig, »zum Beispiel die Wesen, die Henoch auf seiner Reise durch den Himmel antrifft; und die er bald als Mensch, bald als Feuerflamme sieht.« »Na, das ist ja nun noch das einfachste,« (ich formulierte es boshafterweise so!) : »das sind die Sterne bzw. ihre Führer um den Berg des Nordens.« »Berg des Nordens?« wiederholte er befremdet; und ich mußte ihm erst das Weltbild Kosmas' des Indikopleustes erklären – »Sie wissen ja, daß das Buch Henoch langelange in der griechischen Kirche ›gegolten‹ hat; und Kosmas *ist* in Äthiopien gewesen, man vergleiche sein Monumentum Adulitanum.« Also skizzierte ich es ihm rasch auf die Budenwand : »Das ganze Mittelalter zehrte davon; Dante; Joinville; auch noch Kolumbus, der am Orinokodelta das Paradies und einen Berg entdeckt haben wollte, der bis in die Mondsphäre ragte, gestaltet wie die Knospe einer Frauenbrust –« (er zuckte sichtlich, und sah verwirrt zu Ilse hin; die errötete raschlieb; aber es war ja *zu* interessant) »Nebenbei : auf dem Umschlag der ältesten Ausgabe von Karl Mays Roman ›Und Friede auf Erden‹ hat Sascha Schneider unbewußt einen Engel als Sternenführer dargestellt – Sie können ihn morgen bei mir sehen.«

Er reckte sich ekstatisch; er fragte : »Steht der Kosmas beim Migne? Mein Vater hat mir die Serie zu Weihnachten geschenkt.« »Ja, auch da.« »Oh, damußichdochgleich ... nachsehengehen« murmelte er aufgeregt=abwesend; auch : »Kommstu mal mit zum Wagen, Ilse?« (Sie bat mit Hand und Mund um einen Augenblick : bitte.)

Warten. Männer in engen schwarzen Schutzanzügen bückten sich allenthalben umher, und legten schon die Zündschnuren fürs abschließende Feuerwerk. (Das muß man sich mal vorstellen : der ›Migne‹, das heißt die 400-bändige Serie der Kirchenväter, wird zur Zeit garantiert mit 10.000 Mark gehandelt : und so was schenkt man sich bei Mülhäusers zu Weihnachten! Ob ich nicht doch das Stundengeld um 50 Pfennig erhöhe??). Aber da kam sie schon wieder hastig durchs Plebejergedränge gestakt : »Mein Bruder ist *auch* ganz begeistert von Ihnen« gestand sie atemlos. (›auch‹?).

Dröhnend verkündete der Ansager neben uns : »Letzte Fahrt des Riesenrades für diese Saison! Wer will noch mal! Wer ...« Schon hatte ich 2 Billets erstanden; schon Ilse bei der sommersprossigen Hand genommen; schon saßen wir nebeneinander in der Gondel, die unter angemessener Sambabegleitung nach oben zu steigen begann.

Hoch; ja höher. Oben allein. Und untertauchen in Krach und Helligkeit (wie sagt Sir Thomas Browne im ›Religio Medici‹? : »And even that tavern-music, which makes one man merry, another mad, in me strikes a deep fit of devotion.« And so on). Neuerdings aufstiegen wir. Sanken wieder auf den Grund des Lichterteiches : in die korallenbunten Gerüste; Knaben ritten auf Seepferdchen; langbeinige Wasserjungfern quälten Würste mit spitzen Fingern, mit Zähnen .....

Aber Ilses Gesicht : ? : ?? : Ihr wurde schlecht!! Ich schnipste dem Mann am Dynamo eine D-Mark hin, und er ließ uns schnell aussteigen (d.h. ich zerrte meine riesige Begleiterin möglichst rasch aus der Gondel). »Kommen Sie : schnell 'n Magenbitter!«.

Und schon wieder vor dieser Bude : die schwarze erfahrene Kellnerin schenkte uns ein (auf einen schlauen Augenklaps von mir hin Ilse immer das doppelte). Und allmählich wurde ihr (sommersprossiger?) Magen besser. Sie bekam wieder Farbe, und stöhnte ein paarmal erleichtert. – Und fuhr erschrocken herum, als auf einmal die Lichter erloschen. Ich legte ihr beschwichtigend den Arm um die große Schulter; wir traten etwas an den Rand (wo das Finanzamt ist; ich drohte dem Sandsteingebäude erst noch heimlich mit der Faust : !!).

Und schon zerkeilten die Lichthiebe unsere Fronten bis zur Unkenntlichkeit; bunte Klingen häckselten uns; ein Feuerriese ließ sein Blumengehirn übertrüffeln; und wir hatten zweifarbige Gesichter : die rechte Hälfte grün, die linke wolkiges Braun. Ein Lichtseil loopte wahnsinnige Kurven am Himmel; und rechts wieder Bonbonrot, links tiefes Taumelviolett. Ein Kanonenschlag machte uns Kleider aus feuerfarbenem Taft, (und viele hitzige Rosengesichter), bis der schwarze Donner die Erde unter uns wegzog wie ein Sprungtuch. Wir traten vorsichtshalber dichter aneinander, und sahen zu, wie sich dort, im Phlegeton, die Schatten zischend kielholten (aber das war alles nichts, gegen die röhrigen Bässe, die aus den Lichtfudern befahlen, und zaunhohe Flammenzähne zeigten).

»Komm' Sie lieber mit« nahm ich das Magenbittergesicht untern Arm; und zurück durch die Stadt, über angestrahlte Straßen hinweg, und Plätze, an deren Rändern helle Geschäftshöhlen lungerten : Katarakte von Hüten; schwarze Frauen knixten mit grobem Silberhaar, manche hatten Federköpfe wie Vogelmenschen. So eine Lederjacke müßte man sich kaufen können.

Sie hing schwerer in meinem Arm, murmelte ein Lachen, und stöhnte wohlig (waren 4 Magenbitter etwa zuviel gewesen?!). Sie blieb tiefsinnig vor einem Schaufenster stehen – eine schwarze Siebenachtelhose schritt weitgebärdig über Blusenbusen; gelbe magere Handschuhe tasteten lüstern an Mädchenwäsche – sie war offensichtlich angeheitert. »Trinken Sie eigentlich sonst?« : »Achneinnie!« summte sie selig, und lachte und zeigte. Und wurde wieder ernst; und umklammerte meinen Arm fester : »Ich hab mir – obwohl's verboten ist – Ihr ›Anderes Zimmer‹ angesehen : Ochch!« Und stellte sich vor mir auf (die dunkle Passage am Weißen Turm war günstig). »Und ich hab' aufgepaßt : es kommen gar keine ›Anderen Schüler‹! – Und die ›Holetschkagasse‹ ist doch *so wunderbar!!* – Die dünne Schlafcouch hab' ich gestreichelt, immerzu!«. Sie legte mir beide mächtigen Hände um die Oberarme; nahm sie aber, wohlerzogen, gleich wieder weg, und wir gingen weiter durch die dunkler werdenden Vorstadtstraßen.

Bäume, in schwarzgelben Perücken, begannen zu rauschen; die Abstände zwischen den Villen wurden schon größer, vornehmer. Auf einer Bank, in Schattenwirbeln, verrankte sich ein Pärchen. »Und meinem Bruder würde es ja so sehr helfen, Ihr ›Kosmas‹ – er will doch später Superintendent werden!«

Bogen wir also noch um die Kirchhofsmauer; und sofort weiter den Trampelpfad über die Nachtweide; ist billiger als ein Cafébesuch.

»Aaaach!« und da hing er, ein Kupfergong, sehr niedrig im Äther : der verfinsterte Mond. Über dürren Kiefernwitwen. Ein paar Fußballtore standen, völliger Autismus, im Gelände herum. Sie sah mich an, und sagte gelehrig das zuständige Wort : »Oppolzer!«. »Oppolzer«, wiederholte ich, und drückte ihren Armknochen fester : was ich schon so an Mondmetaphern ersonnen habe;

es wäre nicht mehr als recht und billig, einen Mondkrater nach mir zu benennen!

Also stehen. Auf dem umliegenden Wiesenland bildete sich sacht der Tau. Spitzgliedrige Sternbilder hockten zitternd an allen Horizonten. Zeit wäre es, sich nach einem sicheren Hafen umzusehen. Der Vater Direktor dreier Textilfabriken. Und ich träumte von Karteien; von anständiger, regelmäßig=rechtwinkliger Arbeit; Kinder könnte man haben, 3 Stück, groß und rothaarig, nicht bloß immer ›Schüler‹! –

Vor ihrer Villa; 14 Zimmer; oben im Dachgeschoß war noch Licht. »Und jetzt hör ich Ihr Nachtprogramm; bei meinem Bruder im Zimmer – ach« gestand sie. Rührend und abgründig tiefsinnig war dieses »Ach!«; lieber nicht drüber nachdenken. Oder doch? – ?

Ich nahm ihre schweren Armknochen; und legte sie mir um den Hals. Meine um ihren Brustkorb. Lange. Und wir hakten die brilligen Gesichter übereinander. Lange.

Mondfinsternisrummelfeuerwerkhenoch! –

»Und jetzt hör' ich Ihr ..... : *Dein* Nachtprogramm!«. Sie montierte sich mühsam von mir los. Und kam immer wieder heran.

»Und morgen kommen wir beide zu Dir : Gerhardt und ich.« – Sie legte die große Hand auf mein Herz. Fing mein Gesicht mit dem ihrigen. Und also kann man ja noch weiter leben.

DICHTUNG UND DIALEKT.

Jedermann kann es nach Belieben zur Hand nehmen, das Goethesche ›Jahrmarktsfest zu Plundersweilern‹, und das geläufig geradebrechte Deutsch=Italienisch des ›Schattenspielmannes‹ schmunzelnd nachplappern. »Ach, wie sie alles dunkel! / Finsternis is, / war sie all wüst und leer, / hab sie all nicks auf dieser Erd gesehe : / Orgelum, orgeley, dudeldumdey!«. Da bietet ›der Nürnberger‹ Spielzeug und Pfefferkuchen feil; der Bauer im Winter gebundene Besen; die Tirolerin ihre Bänder. Und schon singt und pfeift es neu=schrill dazwischen : »Ich komme schon durch manche Land : / avecque la marmotte.« Das wirbelt alles so reizvoll und wirklich jahrmarktsmäßig durcheinander, daß man sich an dem einfach=kunstvollen Stück nicht satt lesen kann.

Erst lange nach der Lektüre stellt sich wohl bei manchem ein klein=leises Bedenken ein : ja, ist denn das aber auch alles noch ›Hochliteratur‹, wo die Menschen so ›natürlich‹ sprechen?

Womit eines der allerernsthaftesten Probleme der ganzen Literatur angerissen wäre!

Wir wollen einmal die ›reine‹ Dialektdichtung, so gelungen sie auch sein mag, auf den ihr gebührenden Platz verweisen : die ist, wie ein – in diesem Falle guter – Geist, in ihren geographisch arg umschränkten Kreis gebannt! Was für absurde Schwierigkeiten hat z. B. nicht ein Süddeutscher, der Fritz Reuter in der Ursprache lesen will, um das bezauberndste seiner Stücke, ›Dörchläuchting‹, kennen zu lernen! Nicht umsonst hat man Reuter mehrfach ins Hochdeutsche ›übersetzt‹ – wobei dann allerdings aus dem aufrecht=irdenen Mecklenbürger ein verwässerter Allgemeinschreiber vierten Ranges wurde. (Im umgekehrten Sinne gilt ein gleiches für Hebel, dessen ›Alemannische Gedichte‹ ein Norddeutscher überhaupt nicht zu würdigen vermag). Die sich selbst beschränkende Dialektdichtung also, die nie allgemein=deutsche fruchtbare Hochdichtung werden kann, schalten wir aus unserer Betrachtung aus.

Die nächste Stufe ist die der Dichter hohen Ranges, die zuweilen ganze Stücke in ›ihrem‹ Dialekt geschrieben haben. Und der Kenner weiß nichts erschütternd=brusttötenderes als Gerhart Hauptmanns schlesische ›Weber‹; oder, wenn wir 15 Längengrade weiter westlich springen, die hinreißenden Bauernlieder des Schotten Robert Burns – zu denen man allerdings sofort ein Spezialdictionary benötigt. Also auch das ist noch keine Lösung, wenn man als Außenstehender mit begierig trommelnden Fingern davor stehen muß : a treasure locked; ein unzugänglicher Schatz.

Der nächste Schritt aber bringt die entscheidende Befreiung : wenn wir Walter Scott zur Hand nehmen, und, im vorbereitend=hochländischen Milieu reckt sich plötzlich der Häuptling des ›Clan‹ empor, und spricht im normalsprachigen Text ein paar stomachale Worte in Gälisch : »Pibroch of Donuil Dhu!«. Dergleichen wirkt wie eine linguistische Explosion; suggestiv, verzaubernd; *das* gibt dem Leser den entscheidenden Ruck in das vom Autor beabsichtigte Gebiet aus zeitlicher und räumlicher Fremdheit (in dem man einheimisch werden soll!).

Das hat schon der alte Grieche Aristophanes so gemacht; das praktiziert Cervantes in der Schelmengeschichte von ›Rinconette y Cortadillo‹; so schludern sie beim unsterblichen Shakespeare; und Wilhelm Busch hat es sogar illustriert : »Wat hett häi seggt?! so schallt's im Chor / und Besen heben sich empor«.

Wobei allerdings gleich wieder eine sehr ernste Einschränkung zu machen ist : Charles Dickens, ein – meistens – sehr großer Künstler, verwendet mit Vorliebe den ihm heimatlich=geläufigen Cockney=Dialekt des geborenen Londoners. Nun gibt es aber in Deutschland viele Menschen, die Englisch entweder gar nicht, oder doch nicht *so* gut sprechen, um Dickens in all seinen Feinheiten folgen zu können (und das ist rein geographisch bedingt : am Rhein ist es nützlicher, Französisch zu lernen; in Ratibor Polnisch) – für die müssen also Übersetzungen hergestellt werden.

Das ist nicht leicht; es dauert meist hundert Jahre, ehe der genial=gleichgestimmte Übertrager geboren wird. Für Dickens war es Gustav Meyrink, der seine unschätzbare Arbeitskraft jahrelang dem Stoff gewidmet hat; und wer je ›Master Humphreys Clock‹ im Deutschen lesen will, sei auf ihn verwiesen. Aber – keine Rose ohne Dornen! – Meyrink hat den ernüchternden Fehler begangen, die Dialektstellen (und sie kommen aus Nebel und Watt her; London *ist* nun einmal so gelegen!) in seinem *wienerischen* Dialekt nachzubilden! Mit dem Ergebnis, daß jeder englischsprechende Leser zusammenzuckt, wenn er an das Paulhörbigerhaft=gemütliche Gewäsch gerät : *das* hätte man nur in Plattdeutsch wiedergeben dürfen! (Und deswegen vermeide ich es wie die Pest, Theodor Storm in französischer Übersetzung zu lesen : das gibt es im sonnigen Frankreich nicht, die ›Graue Stadt am Meer‹ – allenfalls vielleicht im Bretonischen).

Man sieht aus den angeführten Beispielen : zahlreiche große Dichter machen das, daß sie die ›Wirklichkeit‹ auch sprachlich nachbilden; indem sie jede ihrer Figuren den angemessenen Dialekt reden lassen; und das sind die ›Realisten‹, die dem Leser nicht vorlügen, sie hätten auf ihren Kreuz= und Querzügen allerorten das reinste Hochdeutsch à la ›Duden‹ angetroffen.

Man mache sich nämlich von dem Vorurteil frei, der ›Duden‹ sei die gußeiserne Form für alle vergangene und künftige deutsche Sprech= und Schreibweise : er ist vielmehr eine der verhängnisvollsten uns je angezogenen Uniformen! Wolfram von Eschenbach schrieb seinen Parzival ›zeitgemäß‹; ohne sich um einen ›Duden‹ zu scheren; und nicht minder Luther und Fischart; und auch wir Heutigen sollten nicht dahinter bleiben!

Denn wie und wovon lebt eine Sprache?

Es ist eine beliebte Fiktion der – nicht minder gefährlichen – ›Germanisten‹, daß die ›Dialekte‹ der ›Urquell‹ einer Sprache seien; dem ist aber nicht – präziser : *nicht mehr!* – so! Wohl existieren noch Dialekte (und der Dichter, der sein Buch in einem bestimmten Jahre, in einem genau umschriebenen Raume fixiert, tut gut daran, sich danach zu richten); aber über ihr endliches Schicksal kann kaum noch ein Zweifel sein : *sie sterben aus!*

Denn : der große, entscheidende sprachliche Nachschub und Antrieb kommt, seit etwa 1850, (und völlig mit Recht) zu 95 Prozent aus Technik und Industrie. Die neuerdings üblich gewordenen Großumsiedlungen verwischen außerdem rettungslos das Bild der lokal begrenzten Dialekte : *und es ist gut so!*

Aber : vergessen wir nie, daß fast alle ›Dichter‹ – inklusive des tyrannischen Handbuches, des ewig=verruchten ›Duden‹! – um mindestens 50 Jahre hinter der Entwicklung herhinken! Den ›Finger am Puls der lebenden Sprache‹ haben nur *die* Schriftsteller, die phonetisch=präzis sowohl die Technik verfolgen; als auch das organisch=wachsende Sprachgemisch der oberschlesischen Kumpels im Ruhr=›Kohlenpott‹ : »Hast Du Sorgen mit die Deinen? : / Trink Dich Einen!«

Noch der alternde Klopstock entwarf eine neue Rechtschreibung, nach der es etwa heißt : »Was ist'enn das?«; wo er also bei zusammenstoßendem ›ist‹ und ›denn‹ das in der Aussprache nicht gehörte ›d‹ konsequent auch aus der Schrift verweist : und er war einer unserer unbestrittenen ›Klassiker‹, der sehr wohl wußte, was er tat!

›Erstarrung‹ : das ist die größte Gefahr aller Dichtung – : alles Lebens überhaupt!

›URKUNDLICH BELEGT‹.

1

Fern sei es von mir, Materialien zu den ohnehin überflüssig vorhandenen Kriminalromanen liefern zu wollen – zu deren eisernem Bestand freilich gehört die, alle Teufeleien beweisende, ›Urkunde‹, die sich dann, im letzten Buch=Zehntel, (und jedem Leser war ja gleich nicht wohl dabei zumute!), als unecht herausstellt. Das klassische Beispiel liefert immer noch der alte WILKIE COLLINS; in dessen ›Woman in White‹ der Hauptschurke, Sir Percival Glyde, dieses nur aufgrund der gefälschten Heiratseintragung seines Herrn Papas ist.

Derlei müßige Erfindungen also überlasse ich herzlich gern jenen armen Würstchen von Brotschreibern, die verzweifelt an ihren thriller=Zitronen herumpressen, und uns einreden möchten, daß Verbrechen eigentlich nur deswegen geschehen, um aufgeklärt zu werden. Die Praxis des Literaturhistorikers liefert da weitweit echtere, bestürzendere, auch groteskere Fälle; was allerdings voraussetzt, daß man eben ›Urkundenstudium‹ nicht scheue, und gar nicht nach Art jener Kompilatoren verfahre, denen, wenn sie links 50 Oktavbände durchblätterten, währenddessen rechts 1 Duodezbändchen abgegangen ist : wieder'n Ding fertig! (Und davor noch den, solche Produkte unweigerlich kennzeichnenden, schwer assonierenden Titel à la ›Radio, Radegast und Radieschen‹.)

2

Ohne mich auf Haarspaltereien über den Begriff der ›Urkunde‹ einzulassen, sei mir, knospenden Biografen zur Warnung, vergönnt, von einigen, immer wieder vorkommenden, Possen & Streichen zu berichten, die Einem bei Archivarbeiten von den scheinbar verläßlichsten Dokumenten gespielt werden können.

Hat man sich erst einmal 1 Bestimmten zum Verbiografieren

erkoren, dann ergibt ja selbst die kleinste Briefnotiz, (und sei ihr Inhalt ansonsten noch so nichtig), als mindestes noch 1 Ort und 1 Datum im Briefkopf. Wobei sogleich zu beachten : um Sylvester herum erfolgen gern Verschreibungen *im Jahre*! Ein Tatbestand aufgrund von ›Komplexbildung‹, den ja Jeder von sich selber her sattsam kennt; dergleichen Flüchtigkeiten sind jedoch meist leicht zu entdecken und zu berichtigen. Schwieriger wird es schon, wenn schwere, womöglich geistige, Gesundheitsstörungen – sei es infolge von Schlaganfällen, oder sonst mehr oder minder ehrbaren Leiden – systemlose Faselfehler hervorrufen. So datiert der große Romantiker FOUQUÉ, dessen ›Undine‹ ja heute noch in aller Welt 1 Begriff ist, einmal einen Brief an Perthes vom ›2. Pfingsttage 1811‹ – dabei ist er, es läßt sich erfreulicherweise anderweitig rektifizieren, notorisch am 11.5.1818 geschrieben. (›Tintenvergleichungen‹ sind hier oft hülfreich; auch geben die ›Wasserzeichen‹ der Briefpapiere wertvolle Hinweise : wenn ein Büttenbogen 1816 ›geschöpft‹ wurde, kann der darauf geschriebene Brief schwerlich von 1811 sein!).

3

Auch das ist noch relativ harmlos – weil so rührend leicht durchschaubar – wenn Ernst Moritz ARNDT sich einmal, in einem Bewerbungsschreiben an das zuständige schwedische Kriegsministerium um 1 Jahr jünger macht : jenun; er wollte eben durchaus als Fähndrich eingestellt werden! (Und die Schoritz'er Geburtseintragung auf Rügen bringt alles wieder ins rechte Lot.)

Wesentlich unangenehmer wird es schon, wenn die ›gestempelten Urkunden‹ einander nicht nur einmal, sondern gleich serienweise widersprechen. Der schon erwähnte FOUQUÉ heiratete 1833 in dritter Ehe eine gewisse Albertine Tode; und die Heiratsurkunde sagt aus, daß sie damals 23 Jahre alt gewesen, folglich 1810 geboren, sei. Ihre spätere Todesurkunde, aus Hannover, gibt an : ›gestorben am 28.2.1876, morgens 3 Uhr; im Alter von 65 Jahren, 11 Monaten, 22 Tagen‹; woraus also nun auch der genaue Tag, der 6. März 1810, abzuleiten ist, (dieser überdem noch zusätzlich durch ein ›Geburtstagssonett‹ gesichert). Zum Überfluß berichtet FOUQUÉ selbst noch an 2 weiteren Stellen von ihrem Geburtsjahre; einmal in einem der ›Brautbriefe‹ an sie selbst, wo er am 20.3.1833 schreibt: »Du Süße, von der an meiner Wiege gewiß schon Engel sangen, *mehr denn 30 Jahre,* ehe Du geboren wurdest!« – und da er 1777 das Licht dieser Welt erblickte, macht sich die Anwendung auf 1810 von selbst. Das zweite Mal berichtet er, noch präziser, am 10.5.1834 an Perthes: »Meine liebe Frau Bertha ..... erst 24 Jahre alt,«; ergo: 1810 geboren. (Man müßte, als Biograf, oftmals froh sein, wenn man nur einen *Teil* so vieler und so netter ›Zeugnisse‹ für ein Faktum beibringen könnte!).

Dabei ist das Alles gar nicht wahr!
Laut Eintragung des Kirchenbuches zu Barth in Pommern, ist Frau Albertine zwar sehr wohl am 6. März, nicht jedoch 1810, sondern bereits 1806, *also 4 Jahre früher,* geboren! (Und die Notiz wird sogleich noch zusätzlich durch das Datum der Konfirmation von 1820 bestätigt, die ja in evangelischen Landen prinzipiell mit 14 Jahren erfolgt.)

Es ergibt sich die erstaunliche Tatsache, daß FOUQUÉ nicht gewußt und nie erfahren hat, wie alt seine Frau war! Oder, andersherum ausgedrückt: Frau Albertine muß irgendeinen Grund gesehen haben, 4 volle Jahre ihres ›Vorlebens‹ zu ›löschen‹. (Mit dem, zugegeben naheliegenden, ›WARUM?‹ bin ich überfragt; ich habe keine Ahnung. Die Verhältnisse der Familie Tode sind überflüssig dunkel, und harren noch jeglicher Erhellung; allerdings ist die Forschungslage verzweifelt, und nur 1 Zufall könnte noch neues Material auftauchen machen.) – Immerhin sei festgehalten, daß sich hier unverkennbar irgendwelche ›menschlichen Tragödien‹ zu verbergen gesucht haben – erfolgreich; bis heute.

4

Und damit das Satyrspiel nach der Tragödie nicht fehle, ein urkundliches Kuriosum von 1907 – wahrlich, man muß als Biograf auf die blödsinnigsten Einfälle geraten! Auf ›Lösungen‹, mit denen verglichen die post festum hinzu konstruierten ›Motive‹ der Verfasser von ›Krimis‹ dürr wirken, und unüberzeugend und weltfremd. (Mein Kollege, dem es passierte, heißt im folgenden Y.; der Schriftsteller über den er arbeitete, X. – er ist noch nicht ›frei‹, noch nicht 50 Jahre tot; auch Kinder leben noch.)

Herrn Y. also schreibt ein begeisterter Leser aus N. (die Stadt existiert ebenfalls noch – ich bin mir bewußt, daß ab nun meine Wahre Geschichte nach Märchen schmecken muß; schade), daß bei seinem Vater, weiland Besitzer des Gasthofs ›Zum Schwarzen Walfisch‹, (Neenee : nix Askalon; es handelt sich schon um einen Ort in der Bundesrepublik), damals, vor nun 50 Jahren, auch Herr X. eingekehrt sei. Das Gästebuch, mit der eigenhändigen Namenseintragung des berühmten Mannes, sei noch in seinem Besitz : nahezu 3 Wochen habe Der mit seiner Gattin dort geweilt; und sein Vater noch so manches Jahr später, im geselligen Zirkel, bei der Flasche, folgende Anekdoten von den Beiden zu berichten geliebt; (folgten mehrere Schnurren; die 1 ziemlich starker Toback). Kollege Y. ließ sich, gewissenhaft wie er manchmal ist, von einem N.'er Fachmann die betreffende Seite jenes alten Gästebuches fotokopieren – naja; die Schrift konnte es durchaus sein; bei Zubilligung einer gewissen reisebedingten, emotionellen Flüchtigkeit.

Wer schildert Y.'s Erstaunen, als er kurze Zeit danach, den sorgfältig geführten Tagebüchern von X. entnehmen muß, daß Der in den angegebenen 3 Wochen treu & brav daheim gewesen ist?! Das Kontinuum der täglichen Eintragungen erlaubt keinen Zweifel, jede Stunde ist ›belegt‹; Briefe aus jenen Tagen, an diverse Bekannte, auch Verleger, liegen vor – und Y. kommt die Erleuchtung, (er schilderte mir's, mit vollendeter Handgaukelei, und überhaupt mimisch erstklassig; das kann er!) : ein Schwindler also! Der den hohen Namen gewissenlos mißbrauchte.

Daß diese Lösung um eine entscheidende Spur zu einfach sei, mußte er buchstäblich am nächsten Tage erfahren, als er unter den Papieren von X. *die auf dessen Namen lautende Hotelrechnung samt Fahrkarten nach N.* fand. Es stimmte also das Unglaubliche, ans Wunder grenzende : *Herr X. war gleichzeitig in N., und daheim, 600 Kilometer weiter südlich, gewesen!* (Und die Funde der nächsten Monate und Jahre verdichteten, geradezu possenhaft, wie bei Raimund & Nestroy zusammengenommen, den wunderlichen Befund.)

Die Aufklärung kam durch einen ausgesprochenen Glücksfall 4 Jahre später : es handelte sich weder um einen Betrüger und Hochstapler; noch um Doppelgängerei; und auch ein bemerkenswerter Fall von ›Levitation‹ oder ›Zweitem Gesicht‹ (oder wie man das in Fachkreisen nennt) lag mit nichten vor – die Duplizität des Herrn X. hatte ganz abenteuerlich=simple Gründe, (und ich schlage Allen, die über nach 1860 geborene Notabilitäten arbeiten, vor, zumindest die *Möglichkeit* in ihre Liste der stets gegenwärtig zu haltenden Skrupel mit aufzunehmen) :

1891 nämlich war eine Art ›Abschluß‹ in der Einkommensteuer= Gesetzgebung erreicht; und wenn auch uns die ›Sätze‹ schier sagenhaft, wie Zahlen aus dem Goldenen Zeitalter, anmuten – von 9.500 bis 30.500 Mark betrug er z.B. 3 (in Worten *drei*!) Prozent – so waren sie doch für den schon stark alternden, und wirklich ehrwürdig zuschanden gearbeiteten, nur noch fami non famae scribens, Herrn X. zu hoch. Seine Augen begannen katastrofal nachzulassen; und er beschloß deshalb den Ankauf einer Schreibmaschine, (was damals anscheinend kein Kleines gewesen sein muß; man erinnere sich des, heute ganz merkwürdig anmutenden, Briefwechsels Nietzsche's.) Er erwarb also eine teure ›Fisher Record‹; ein putziges Instrument, mit der man Hefte, d.h. leere Seiten in Buchform, auch mit steifem Deckel, be=schreiben konnte. (Die Tastatur ist fast schon die uns geläufige; aber anstatt daß nach jeder Zeile die Walze mit dem Papier bewegt wird, ist es hier, umgekehrt, der Maschinenkörper selbst, der über das festliegende Blatt hin und her und nach unten wandert; auch die Tasten schlagen durchs Farbband *nach unten* – alles gewissermaßen ›gekontert‹; aber ansonsten eine völlig legitime Lösung des Problems.)

Nun muß es jedoch damals noch so gewesen sein, daß der Autor wohl eine ›Berufsreise‹ ›absetzen‹ durfte (über die er freilich hinterher ›einen Aufsatz zu schreiben‹ hatte); nicht aber ein noch so relativ kostbares Präzisionsgerät wie eine Schreib=Maschine. Und so stieß Kollege Y., der allmählich so weit war, sich nun auch die Freunde & Bekannten des Großen Mannes vorzunehmen, jenes erwähnten schönen Tages auf eine Briefabschrift, die ungefähr (ich zitiere aus dem Gedächtnis) so lautete: »Lieber Karl! / Gerne habe ich Deinen Wunsch erfüllt, und mich in N. 3 Wochen lang für Dich ausgegeben – ich hoffe, daß die Belege für Deine Zwecke hinreichen; die Summe jedenfalls wird gedeckt sein. / Nur gut, daß ich Deine Bücher so genau kenne; ich habe diverse Male, zuletzt bei einer unheimlich belesenen Dame, tiefgründige Auskünfte geben müssen: warum ich dies so, und jenes so gemacht hätte ... / usw. usw.« –

Ein skurriler Vorgang, wenn man ihn sich illustriert vorstellt; wer leugnet's? (Auch ›Steuerhinterziehung‹, jaja; aber es sind schließlich fast 55 Jahre seitdem vergangen.) Dennoch ist der bloße Tatbestand so wehmütig, und charakteristisch für ›Glanz & Elend‹ der ausgedienten Literaten, daß den Schlußworten, mit denen jener brave Freund die Übersendung der Gasthausrechnung begleitete, eine gewisse Gültigkeit nicht völlig abzusprechen ist: »Der Staat hat immer Unrecht –«.

LITERATUR : TRADITION ODER EXPERIMENT?

Das Urbild aller Literatur? : ergibt sich organisch aus dem Wesen der Sprache als Mittel der ›Mitteilung‹. Der Neanderthaler, der irgendeinem Chefpithekanthropus etwas meldet; der Hordenclown, der abends am Lagerfeuer witzig die Tagesereignisse durchhechelt – vornehmer formuliert : der Erzähler im lauschenden Hörerkreis – *das* ist der Beginn aller Literatur; nenne sie sich nun (nur nach Umfang verschieden) Anekdote, Märchen, Novelle, Erzählung, Roman.

Der Erste, der herausfand, daß das *Gespräch* mit einem Partner, die Diskussion in Spruch und Widerspruch, eigentlich eine ganz neue Literaturform – die des Dialoges – sei, wich ab von der Tradition, und wurde Experimentator. Es ist nämlich gar nicht so leicht, bewußt *die* Themenkreise zu erkennen, die sich damit optimal ›erledigen‹ lassen; z.B. – aus dem simplen Klatsch über den Nachbarn erwachsend – die ideale Biografie! Und nicht minder schwer ist es, sich dergestalt in 2 oder mehrere, farbig=verschiedengeartete Persönlichkeiten zu zerlegen, daß ein wirklich überzeugendes ›natürliches‹ Gespräch herauskommt : *lange* muß man in Versuchsreihen die Hand üben, ehe dergleichen gelingt!

Mit vorschreitender Entwicklung der menschlichen Gesellschaft, die sich in Ortschaften auseinandersiedelte, entstand das Bedürfnis der Kommunikation zwischen – nehmen wir an – 2 Geschwistern, die Heirat oder sonst ein Schicksal in verschiedene Städte verschlagen hatte. Die Kunst des Schreibens vorausgesetzt, fehlte nur noch ein Reiter, der die Nachricht vom Tod der gemeinsamen Mutter, oder sonst einen ›Brief‹, mitnahm : der Erste, der erkannte, daß der ›Briefroman‹ die ideale, ›organische‹ Form ist, um 2 (bzw. mehrere) *räumlich* von einander getrennte, *zeitlich* gleichzeitige Erlebnisbereiche miteinander zu verbinden, war ein Experimentator! Und ich möchte ausdrücklich darauf hinweisen, *was* hier alles falsch gemacht werden kann! : der Goethe'sche ›Werther‹, so bewundernswert er immer sein mag, führt die Briefform, die immer wiederauftauchende Anrede an den ›geliebten Freund‹, *völlig unnützlich*! Man hört nämlich diesen fernen Partner überhaupt nicht; er bleibt der Schatten eines Traums : dergleichen aber ist wider den Geist eines ›Briefromans‹! Ist eine Schachpartie, von der wir nur die weißen Züge kennen – oder die schwarzen, wie man will. Wenn man einen vollkommenen Briefroman lesen will – *den* vollkommensten der Weltliteratur überhaupt – so greife man zu Wielands ›Aristipp‹; einem Modellfall literarischer Formung, dem selbst schreibenden Praktiker zur Schulung unerläßlich.

Man sieht : was zuerst Experiment war, wird, sobald seine Brauchbarkeit erkannt ist, von selbst nachahmbare, fortsetzbare Tradition : der Experimentator zerstört nämlich mit nichten die Tradition, sondern erweitert sie nach vorn!

Hier stehen wir einer, auch anderweitig gültigen, fundamentalen Tatsache gegenüber. Es gibt – die Unterscheidung ist seit langem allerseits anerkannt und genehmigt – etwa ›reine‹ Mathematik, und ›angewandte‹ Mathematik. Der ›Angewandte‹ baut Brücken, konstruiert die Tropfenformen der Auto= und Flugzeugmodelle; ist der ›praktische‹ ›Techniker‹. Der ›reine‹ Mathematiker untersucht in der Stille seines Arbeitszimmers ›Formeln‹; erfindet neue ›konforme Abbildungen‹ für den Kartenzeichner : nach denen dieser, der zeitlich nachfolgende ›Angewandte‹, einmal arbeiten wird.

Auf die Literatur übertragen heißt das : der Schriftsteller, der ›Lehrer‹, bildet (und amüsiert) das Lesepublikum, gut und recht! *Wer aber bildet den Lehrer?!* Hier liegt der eigentliche Unterschied zwischen ›Tradition und Experiment‹; etwa parallel dem vorhin erwähnten, zwischen dem ›reinen‹ Mathematiker und dem ›angewandten‹.

Wohlgemerkt : mit dieser Definition ist keinerlei Werturteil zu verbinden!

Der vom Schicksal Begünstigte freilich ist der geniale ›Angewandte‹; der, der erkennt, was wirklich brauchbar ist; fruchtbringend, zu neuen Formen der Mitteilbarkeit geeignet – und der die alte oder neue Form dann erfüllt mit feurig=zeitgemäßem Inhalt, mit originellen suggestiven Wortkonzentraten. Unschätzbar ist er! Er hat die Breiten= und Tiefenwirkung; er fasziniert nach oben wie nach unten; er wird der Grand Old Man, der ganze Lesergenerationen formt. Der Sprachgut sichert und weitergibt; alte und neue Formen mit hohem Geschmack handhabt; und vollkommene Exempel zu liefern imstande ist. Gut.

Aber : er ist der – und sei es noch so geniale – Vertreter der ›Tradition‹. Der die Menschheit anfaßt und unnachahmlich rührt; der die große Orgel spielt (die allerdings ein Anderer baute und stimmte); der die Nobelpreise erhält : der, der *erntet*!

Aber vergessen wir nie die ›Reinen‹! Die Experimentatoren; die sich, fanatisch und ›ver=rückt‹ ihre Ein=Mann=Pfade in den Dschungel aus Wirklichkeit und Worten hauen, mit der schartigen Machete unseres unzulänglichen Intellekts. Und selbst wenn sich herausstellen sollte, daß in ihrer Richtung nur ein Sumpf liegt : auch dann war der Weg nicht umsonst; weiß man also, daß dort nichts zu holen ist : Bueno! Die schreiben allerdings nicht ›für Leser‹, die ›Reinen‹ – und das drückt wiederum keinerlei Verachtung aus! Es sind im unglücklichen Falle – um im Bilde zu bleiben – ›Verirrte‹ in den Bayous der Sprache; im glücklichen Falle ›Experimentatoren‹ : von ihnen profitieren dann die besonneneren nachfolgenden ›Angewandten‹ – es dauert manchmal beschämend lange, ehe einer folgt!

Vielleicht wundert sich Mancher, daß ich gar nicht von Experimenten im Gebiet der Sprache selbst rede; aber hier liegt nie die Schwierigkeit eines auch nur einigermaßen bedeutenden Dichters : das versteht sich von selbst, daß man neue Metaphern erfindet, oder auf Rhythmus und Vokalharmonie achtet. Und was der Expressionismus machte, hat ebenso Aristophanes geübt, der unvergleichliche Fischart, oder der ganz junge und der ganz alte

Goethe. Hier sind durch das einzige kleine Wörtchen ›Verständlichkeit‹ dem Experiment so enge Grenzen gezogen, daß es praktisch entfällt. Die Schwierigkeit liegt nicht in der Sammlung des schimmernden Kleinmaterials; sondern in der konstruktiven Großform, von der ich einleitend sprach.

Sie werden, mit Recht, fragen : ob denn neue literarische Großformen, denen des ›Dialogs‹ oder ›Briefromans‹ vergleichbar, überhaupt noch möglich seien?!

Da gibt es noch viele!

Vielleicht haben Sie bemerkt, daß es sich in den voraufgegangenen Beispielen lediglich um solche handelte, die aus äußeren, gesellschaftlich bedingten Umständen entstanden. Praktisch unerforscht, auch unerprobt, sind auch heute noch die der ›Inneren Ereignisse‹. Ein Versuch wurde früh schon gemacht im ›Tagebuch‹; einem (gemäßigten) Sonderfall des ›Inneren Monologes‹. Aber es ist eine verhängnisvolle Trägheit mancher Dichter, bei diesen ›klassischen‹ Bauweisen stehen zu bleiben. Besonders nötig wäre es, endlich einmal zu immer vorhandenen Bewußtseinsvorgängen die entsprechenden Abbildungsformen zu entwickeln; etwa dem Jedem geläufigen Prozeß des ›Sich=Erinnerns‹. Man ›erinnere‹ sich eines beliebigen Erlebniskomplexes; sei es ›Volksschule‹ oder ›Alte Sommerreise‹ – jedesmal erscheinen (bitte, drücken Sie die Augen recht zu : schon stehen Sie im glitzernden Bach, hinten huscht grünes Kleinzeug) vereinzelte sehr helle Bilder, ›snapshots‹; um die herum sich dann, im weiteren, mehr bewußten, Verlauf der ›Erinnerung‹ ergänzend erläuternde Kleinbruchstücke stellen, als ›kommentierender Text‹ zu der Initialzündung des ersten auslösenden Bildes : ein solches Gemisch von ›Foto= und Text=Einheiten‹ ist schließlich das Endergebnis jedes Erinnerungsversuches. Dieser Vorgang, vom Dichter jetzt systematisch nachgeahmt, könnte dem Leser vermutlich das Gefühl eigener Erinnerung an eine Erlebnisreihe suggestiver erzeugen, als die übliche ruhige Darstellung im Imperfekt. (Selbstverständlich hat der Autor, um überhaupt verständlich zu werden – um dem Leser das Nacherlebnis, die Identifikation, zu erleichtern – aus diesem persönlich=gemütlichen Halbchaos eine klare gegliederte Kette zu bilden).

Eine weitere ›neue Form‹ ergibt sich aus folgender Überlegung : man rufe sich am Abend den eben vergangenen Tag ins Gedächtnis zurück : hat man das Gefühl eines ›epischen Flusses‹ der Ereignisse? Eines Kontinuums überhaupt? Was fällt uns denn dabei ein? : doch nur einzelne Hellbilder, die sich uns aus irgend einem Grunde – manchmal einem unbewußt=läppischen – einprägten. Es gibt diesen ›epischen Fluß‹ überhaupt nicht; Jeder vergleiche sein eigenes beschädigtes Tagesmosaik; die Ereignisse unseres Lebens springen vielmehr! Auf dem Bindfaden der Bedeutungslosigkeit, der allgegenwärtigen Langenweile, ist die Perlenkette kleiner Erlebniseinheiten aufgereiht, innerer und äußerer. Von Mitternacht zu Mitternacht ist gar nicht ›1 Tag‹, sondern 1440 Minuten : und von diesen sind wiederum nur 50 belangvoll!

Aus dieser gnädigen Unzulänglichkeit unseres Gedächtnisses – eine der uns anhaftenden Eigentümlichkeiten unserer Gehirnstruktur; also durchaus etwas Organisches und gar nichts ›Künstliches‹! – aus dieser porösen Struktur unserer Gegenwartsempfindung, ergibt sich ein ›löcheriges Dasein‹, ein dehydriertes. Und der Sinn einer, das präzise wiedergebenden Form wäre also : an die Stelle der früher beliebten Fiktion der ›fortlaufenden Handlung‹ ein, der menschlichen Erlebnisweise gerechter werdendes, zwar magereres, oder, besser : trainierteres Dichtungsgefüge zu setzen.

Die Reihe der zu bewältigenden Aufgaben ist damit keineswegs zu Ende. Weitere Bewußtseinsvorgänge, wie etwa der ›Traum‹, oder das – gerade jedem jungen Menschen intim bekannte – ›Längere Gedankenspiel‹ sind durch gültige Bauweisen zu ›erledigen‹.

Noch sind wir weit davon entfernt, für jedes äußere oder innere Erlebnis eine konforme Abbildung durch Worte zu besitzen. Aber wehe der Literatur, wo nicht beides nebeneinander herläuft : das *Experiment* des Unglücklich=Einzelnen; ebenso wie die Fülle der *Tradition!*

HEGEMEISTER DES GEISTES.

1.) »Über den Brockhaus und seine Tolldreistigkeit bin ich höchst aufgebracht! Der unverschämte .... denkt, die Firma da unten sei die Hauptsache; während sie ein Quark ist, danach ernsthafte Leser nicht sehen! Daß ein Ladenmensch, ein Buchdrucker und seine schwarzen Myrmidonen aus dem Schmierloch, die deutsche Sprache regieren wollen, ist nicht nur ein Übelstand, sondern eine Infamie!« (Schopenhauer).

2.) »All booksellers are rascals!« (Cooper).

Wenn schon das zeitgenössische Publikum versagt; wenngleich künstlerisch unempfindliche (dafür weltanschaulich desto empfindlichere) Rezensenten groteske Fehlurteile abgeben – *einen* verläßlichen Anhalt hat der Dichtergenius doch immer : die ›Großen Verleger‹! Die, Kenner und Mäzen zugleich, das Gute nicht nur unfehlbar schnell erkennen; sondern auch mutig, allem platten Augenblicksgeschmack und jeder politischen Konjunktur zum Trotz, das unsterbliche Werk durch den Druck fixieren lassen; es so einer verständig=würdigeren Nachwelt weiterreichend. Die dem verzagten Dichter nicht nur Trost und Anerkennung heiter zusprechen; sondern ihm auch durch einen angemessenen Ehrensold die Möglichkeit zu weiterem Schaffen sichern.

So ungefähr denkt sich der kleine Fritz wohl, wenn er seinen Abituraufsatz, ›Gesicht einer Welt voll unschuldiger Menschen‹, mit idealischem Ernst niederschreibt, die Tätigkeit, die ›Lebensaufgabe‹ unserer Verleger; und wenn er ›Sehr Gut‹ im Deutschen gehabt hat, und selbst schon tüchtig=kleiner Formulierungen fähig ist, fällt ihm vielleicht ›Hegemeister des Geistes‹ ein; und er zählt sie ehrerbietig auf, diese Cotta und Brockhaus, die Göschen und Perthes, und wie die herrlichen alten Namen alle heißen, klangvoll und rauschend, wie der Schiffskatalog beim Homer. – – –

»Eifersüchtig in seinem Patriotismus, daß wir zwar Geschichtsforscher und =stoppler genug, aber so wenig Geschichtsschreiber besitzen, war Klopstock auf den Einfall gekommen, auch diese Schmach von uns abwälzen zu helfen, und hatte sich den Siebenjährigen Krieg, Friedrichs Schlachten und Heldentaten, in historischen Bruchstücken zu behandeln als Thema vorgenommen. Diese Stücke waren zu einem ansehnlichen Bande bereits gediehen; und er erfreute und entzückte mich jedesmal, wenn ich in den Wintern nach Hamburg kam, durch ihre Vorlesung.« berichtet C. Fr. Cramer im Jahre 1807; und weiter, wie Klopstock ihn bat, anläßlich einer Reise in die Buchhändlerstadt Leipzig, einen Verleger dafür ausfindig zu machen. Anscheinend nichts leichter als das! Man denke doch nur : ein Werk von Klopstock über Friedrich den Großen : welch Namenspaar! Die pikanteste Materie von der Welt; und welche Behandlung war dem Stoff durch den Verweis auf die formal ähnlichen »Denkmale der Deutschen« in seiner gewaltigen »Gelehrtenrepublik« geworden! Cramer glaubte sich an keinen Liberaleren und von Würde und Aufgabe eines Verlegers mehr Durchdrungenen wenden zu können, als den damals hochrenommierten Göschen. Aber : »Wie fand ich mich getäuscht, und wie sehr erstaunte ich, als mir Einwendungen und Zumutungen dabei gemacht wurden, die zu hören ich durchaus nicht erwartet hatte! Nach einigen gewechselten Reden und Gegenreden« schied Cramer unverrichteter Sache von dannen; abgewiesen mit einer ›Ware‹, die auf den Knieen hätte gesucht werden müssen! Klopstock verbrannte später im Unwillen das ganze Manuskript – heute würde man es mit Gold aufwiegen! ›Man‹ : das heißt, die Eintausend guten Leser in Deutschland, und ebensoviel eifrige Germanisten. Aber die Verleger immer noch nicht! Denn sonst würde ja Einer mal inmitten seiner giftig bunten Taschenbuchreihe unauffällig Bände einschieben, wie eben die erwähnte »Gelehrtenrepublik« oder den »Anton Reiser«, Tiecks »Vogelscheuche«, Fouqués »Alethes«, Wielands »Abderiten« oder Holbergs »Niels Klim«. –

Nach sechsjähriger angespanntester Arbeit hat Arthur Schopenhauer den abschließenden Teil seines Lebenswerkes, die »Parerga und Paralipomena«, beendet : »Und nun denken und vernehmen Sie : ich kann keinen Verleger dazu finden! Ich habe das Buch der hiesigen Hermannschen Buchhandlung, Dietrich in Göttingen, dem Brockhaus, Allen ganz umsonst und ohne Honorar, angeboten : wollen's nicht! Hingegen druckt Brockhaus des Chalybäus zwei Bände ›Ethik. Über die Familie, den Staat und die religiöse Sitte‹ (nebst einem Eierkuchen dazu!). – Verdrießlich ist mein Unfall, aber demütigend nicht : denn eben melden Zeitungen, daß Lola Montez ihre Memoiren zu schreiben beabsichtige, und die Verleger ihr sogleich große Summen dafür geboten hätten : da wissen wir, woran wir sind!« – Erschwerend kommt hier hinzu, daß Brockhaus früher die »Welt als Wille und Vorstellung« herausgebracht hatte, und also (theoretisch) hätte wissen müssen, daß sich einer der größten Geister aller Zeiten ihm anvertraut hatte : aber der ›Absatz‹ war damals eben so schlecht gewesen, daß der Krämer, obwohl längst Halbmillionär, sich vor einem zweiten solchen Experiment wohl hütete!

Gern zugestanden : der Verleger soll ›Kaufmann‹ sein (so bedrückend und zwiespältig die Rolle des Zwischenhändlers mit geistigen Produkten – eine Rolle, die für den Redlichen vermutlich gleichviel vom Himmel und der Hölle an sich haben müßte – auch sein mag); wohl soll er dem unbelehrbaren großen Kaufpublikum den begehrten Ganghofer=Griesbrei vorsetzen; mag er getrost die Abzeichen aller jeweils herrschenden politischen Parteien tragen, und die Hammel scheeren, wo immer er sie nur antrifft : aber seine Rechtfertigung fände solch leimrutiges Treiben doch nur dadurch, wenn er nebenher, zäh, unbeirrbar, unauffällig, in kleinen Auflagen, die wahren Dichter seiner Zeit ebenfalls herausbrächte. Wenn. Aber das ist reine Schwärmerei!

Vielmehr berichtet Clemens Brentano von dem seinerzeit recht bekannten Hitzig=Itzig : »Geizig ist er ins Äußerste! Er druckt das Meiste ohne Honorar, z. B. Fouqués ›Sigurd‹, seine Almanache. Spricht immer von Liberalität, Eleganz und Forthelfen der Wissenschaft – und will dabei nur Geld, das ich ihm auch von Herzen wünsche.« Einmal, als er Brentano wieder eine Kantate gratis abgebettelt hat, kommt er gleich am nächsten Tage wieder : um zehn Groschen (sic!) Druckbeihilfe! »Nichts ist mir zu klein, und ich lieb es trotzdem«. –

Der klassische Baron Cotta? Erst reißt er sich um die Manuskripte des nach den Freiheitskriegen unmäßig beliebten Fouqué. Aber bald muß ihm der große Romantiker die üblichen hilflos=groben Autorenbriefe schreiben, da Cotta seine Druckversprechen nicht einhält. Dann fängt der Verleger an, das Honorar herunter zu drücken. Als Fouqués Popularität (aus politischen Gründen) langsam abzunehmen droht, geht Cotta sogleich, pfiffig jede Konjunktur verfolgend, auf Distanz. Als Fouqué eine feine Erzählung, »Galloway und Markloff«, einreicht, läßt man die Sendung erst jahrelang unbeantwortet liegen; und als der Dichter endlich nach seinem geistigen Eigentum fragt, erhält er die dürre Antwort, das Manuskript sei doch längst an ihn zurückgegangen! : Wobei die eigentliche empörende Feinheit die ist, daß es noch heute beim Nachlaß des Redakteurs des damaligen Cottaschen »Morgenblattes« (Gustav Schwab nebenbei) liegt! Als der eben frisch geadelte Cotta – gleichzeitig Großgrundbesitzer, Vizepräsident des württembergischen Landtages, und Reeder von Dampfschifflinien – Fouqué zuletzt gar zumutet, Rezensionen unbeauftragt, und also auf gut Glück einzureichen, da reißt dem Sängerkönig nun doch die Geduld. Das Ende des Verhältnisses ist das üblich=klägliche : erst haben die Dichter ihn reich gemacht, dann ennuyieren sie den Literaturjobber.

Was für eine Stirn gehört nicht dazu, wenn Perthes – gern als vorbildlicher deutscher Mann gepriesen – eben dem gleichen Dichter der unsterblichen »Undine« (der dazu noch sein »Freund« und Duzbruder heißen mußte!) einen historischen Roman unter Berufung auf sein ›Verlagsprogramm‹ ablehnt : und gleichzeitig mehrere geschichtliche Schmarren von Anderen bringt?! Als selbst der milde Fouqué ihn erstaunt darauf hinweist, schickt Perthes zur Antwort lediglich die Abrechnung über das zuletzt bei ihm erschienene Buch Fouqués : in 2 Jahren wurden ganze 45 Exemplare der »Liebeslehre« verkauft – dabei hört Kaufmannsfreundschaft eben auf! Derselbe Perthes aber belehrt uns schon auf dem Titel eines seiner eigenen Machwerke wichtig, daß nur der deutsche Buchhandel »die Bedingung des Daseins einer deutschen Nationalliteratur« sei – und ich in meiner Einfalt hatte immer große Dichter für diese erste Bedingung gehalten! Vielleicht kommt ja auch noch ein Papierfabrikant, und weist nach, daß es ohne ihn keine deutsche Dichtung gäbe. –

Goethe fand für den »Götz«, heut als eines der Kleinode unserer Literatur bekannt, keinen Verleger : so unfähig waren die Händler, den Wert des großen Buches zu erkennen. Kaum aber war es im Selbstverlag veröffentlicht, und der Beifall schwoll an : als sich sogleich ein nachdruckender Verleger fand, das Stück in Riesenauflage auf den Markt warf, und natürlich infolge des Spottpreises und seines umfassenden und erprobten Versand= und Propagandaapparates nun ›das Geschäft machte‹ – während Goethe auf seinen Exemplaren sitzen blieb, »höchst verlegen, wie ich nur das Papier bezahlen sollte, auf welchem ich die Welt mit meinem Talent bekannt gemacht hatte.«

Aus diesen schönen Geschichten geht zwanglos dreierlei hervor :

einmal, daß die Verleger und ihre literarisch gleich fragwürdigen Berater selten fähig sind, das Gute, ja Ewige, als solches zu erkennen;

daß sie, wenn sie es ausnahmsweise wirklich einsehen, meist zu berechnend=feige sind, es zu bringen;

und endlich, falls sie es einmal doch ächzend und sich selbst bewundernd wagen, und das Geld dann nicht gleich im Kasten klingt – der Autor endgültig für sie erledigt ist. Heute wie eh und je.

Berater und Helfer des Dichters? : Warum wohl hat Lessing – auch zeit seines Lebens schlecht bezahlt, und gezwungen, sich buchstäblich zuschanden zu arbeiten – sein buchhändlerisches Projekt »Leben und leben lassen« entworfen? (Wo eine ideale Autorengemeinschaft die Bücher herstellt : ein Drittel des Buchpreises wird auf Druck und Einband verwendet; ein Drittel erhält der Dichter – anstatt der heute üblichen empörenden 8 bis 12 Prozent!; vom letzten Drittel werden Verwaltungskosten, Reklame und Versand bestritten). Warum läßt er in der Fabel die Eule den Schatzgräber fragen : »Weil ich stille Betrachtungen liebe, kann ich deswegen von der Luft leben? Ich weiß zwar wohl, daß Ihr Menschen es von Euren Gelehrten verlangt .....«

Widerliche Gesellen sind diese Künstler; immer reden sie von Geld. Wie wohltuend=edel dagegen die Verleger, die stets von Kunst sprechen!

Und nun lesen Sie noch einmal die beiden Motti.

ACH, WIE GUT, DASS NIEMAND WEISS ...!

1

»Name ist Alles! Gefühl ist Schall & Rauch.«
(GOETHE=Zitat, zur Probe gewendet)

Es hat natürlich erheblichen praktischen Sinn, wenn der Held (sei's im Buch, sei's im Leben) plötzlich den Kragen hochschlägt, die Nase dafür listig tiefer ins Gesicht zieht, und, nach seinem Namen befragt, nach leichtem Zögern angibt, er heiße=ä – : »NIEMAND« – ach, da weiß ich schon. (Und daß Odysseus seinerzeit damit durchgekommen sei, kann man heute keinem Schuljungen mehr weis machen.) Den Zweck solch keuschen Verschweigens verrät ja schon das Märchen : wenn ich den Namen für Mensch oder Sache weiß, dann habe ich mich ihrer bereits halb bemächtigt. Kann Erkundigungen einholen über die schwachen Seiten von Herrn Rumpelstilzchen (oder den ›Feuermann‹ der Regentrude); kann über sein Vorleben nachschlagen in irgendeinem ›Huhs=Huh in Dschinnistan‹; und der bloße Umstand, daß Der etwas zu verschweigen hatte, kommt ja auch einer Mitteilung gleich, nämlich der einer Schwäche! Unter uns Modernen sind es ganze Gruppen von Dunkelfeld=Berufen, die von dergleichen Profession machen : Jünglinge, die der ländlich=schönen Wochenendbraut die Taille verderben möchten; Räuber, Spione, Geheimpolizisten, Diplomaten in besonderer Mission, Könige incognito – also Alles nichts für uns ehrsame Bürger.

Und ich meine jetzt auch nicht ›German Schleifheim von Sulsfort‹ oder die Pseudonyme der Poeten; wenn Tucholsky sich in ein halb Dutzend Panter und Tiger verwandelte, dann hatte das überwiegend kommerzielle, ›technische‹ Gründe. Tiefsinniger wird's schon, wenn Andere ihre Individualität ›zerlegen‹, in einen kritischen Teilhaber, der dann die schneidendsten Rezensionen abfaßt;

und einen poetischen, der jenen kessen Matador gar nicht kennen soll – 's könnte vielleicht ein Hülfsmittel zur Sonderung und Konzentration bei Mehrfachbegabungen ergeben; durchaus möglich. Andere wiederum legen den eigenen ehrlichen Namen Müller=Schulze=Lehmann ab, weil – tja, sogleich gibt es die bekannten ›2 Möglichkeiten‹; nämlich a) der Beträffende, ob Herr ob Dame, ist etwas kopfschwach, und ästimirt es für ein rechtes Muttermal des ›Höheren‹, daß ›Der Dichter‹ angemessener ›Charles=Adelaide Dumenhould de Rochemont‹ heiße; oder aber b) er & sein Verleger sind – wahrhaftig nun zwar eben nicht; dafür jedoch klug – ruchlos genug, um auf die Anfälligkeit (sprich ›Doofheit‹) des Lesepöbels zu spekulieren, der leider auch bei ›Hermann Goedsche‹ das Maul ebenso verzieht, wie er bei ›SIR JOHN RETCLIFFE‹ automatisch=wohlgefällig zu lächeln anhebt. Aber nein : itzt will ich ernsthaft reden :

woher nimmt ein Schriftsteller die Namen seiner Personen? – :

: warum heißt NATHAN Nathan; WERTHER Werther; oder der Held eines der bekanntesten autobiografischen Romane ›David Copperfield‹? Wieso serviert uns BLAKE ganze Schüsseln wohltönender Silblinge wie ›Bowlahoola & Allamanda‹; wie kam Joe Smith, der Ansager des ›Buches Mormon‹ auf seine endlos=unerhörten Klang=Ringelreihen ›Amaleki & Helaman‹ und ›Curelom & Cummom‹; warum nennt sich die oder jene Nebenst=Figur bei Stifter ›Lothar‹; wieso betitelt sich CARROLL's größtes Buch ausgerechnet ›Sylvie und Bruno‹?

›Reine Willkür‹? – damit kommt man schwerlich durch. Ist es doch seit FREUD's ›Alltagsleben‹ hinreichend bekannt, daß Einem ›nur so‹ überhaupt nichts einfällt; kein Melodienfetzen, keine Zahl, kein Sprachteilchen. Also vermutlich auch kein Name. Ebensowenig wie die Eltern den Kindern aufs Geratewohl Namen aufheften – manchmal muß man ›leider‹ sagen, wenn dann, aufgrund übelgewählter Lektüre der Frau Mama, eine bedauernswerte ›Melsene Piepenbrink‹ durchs ohnehin schwer genucke Leben zu irren hat – ebensowenig tauft der Poet die ›Kinder seiner Fantasie‹ willkürlich.

2

»Adieu, mon beau navire!« (BÉRANGER)

In einem seiner entlegeneren Stücke, den ›Historien von Jean Marie Cabidoulin‹, bemannt JULES VERNE (heute für etwas verstaubt gehalten; obschon sich darüber noch Diverses wird sagen lassen) wieder einmal ein stolzes Schiff; um, wer hätte es anders erwartet, eine seiner Voyages extraordinaires antreten zu können. Da grüßt von der Brücke Monsieur le Capitain ›Evariste Bourcart‹; da schilt der 2. Offizier ›Romain Allotte‹ usw. usw.; bis hinunter zum letzten Harpunier ›Pierre Cardeck‹ – und Demjenigen, der ein bißchen das Œuvre kennt; & ein bißchen die Vita; & Dessen Gedächtnis (unberufen!) noch ein wenig intakt ist, Der hört es auf einmal wie helle Jungenstimmen schreien : »Heh, Du, Coquebert! – Paß auf, Du Crest!«. VERNE hat nämlich auf der Brigg ›Saint Enoch‹ *sämtliche Klassenkameraden* angeheuert, mit denen er einst zu Nantes über den Schulhof von Chantenay dès Pâques tollte – vielleicht gar keine unebene diätetische Maßnahme für einen Siebziger, der noch einmal Mentalität & Schwung abenteuersüchtiger Kindheit in sich wachrufen möchte, wie?

Stichwort ›wachrufen‹ : *eine* Abart solcher Beeinflussung habe ich stets als die peinlichste bei aller Lektüre empfunden, die ›Massierung‹ des Lesers durch sogenannte ›sprechende Namen‹! ›Sir Morose, ein alter Junggesell‹, ›Cutbeard, sein Barbier‹ – es geht entsetzlich zu in BEN JONSON's ›Epicoene‹. Ein solches Verfahren leistet *zu viel*. Es hält nämlich nicht nur mich, den Leser, für einen Idioten, (der sonst womöglich nicht merken würde, daß ›Walter Biederherz & Laura Schönlein‹ das brave Liebespaar sind, mit dem ich zu sympathisieren habe); es wird nicht nur vermittelst des bloßen Personenverzeichnisses die ganze Chose verraten; sondern den Gestalten wird es verwehrt, sich wie glaubwürdig volle Menschen zu benehmen, vielmehr sind sie von vornherein zu Typen klischiert. Dergleichen sollte man selbst Nebenpersonen nicht antun. Bei fremdsprachigen Namen fällt's uns nicht so auf, der LESSING'sche Weiberfeind ›Wumshäter‹; und der pariser Kapellmeister ›Dorémus Fasolla‹ ist ja fast schon witzig; aber ein Rundum=Ehrenmann ›Mister Allworthy‹ (FIELDING) darf nie mehr aus seiner, ihm auf die Stirn tätowierten Rolle fallen. Dafür gab es bei uns Zeiten, wo »das Haus der Gräfin von S. gehörte, die seit vielen Jahren nicht in *** gewesen« war (ETA HOFFMANN, ›Das öde Haus‹). Oder »es war auf meiner Rückreise nach Kurland im Jahre 17** um die Karnevalszeit, als ich den Prinzen von ** in Venedig besuchte – wir hatten uns in **schen Kriegsdiensten kennen lernen« usw. usw.; das ganze stirnzusammenziehende ›System‹ ist imgrunde nur ein anderer Ausdruck dafür, daß der betreffende Verfasser (SCHILLER hieß er übrigens) schlicht zu faul war, seinen Gestalten die passenden Namen herauszugrübeln. Es ist mir nicht unbekannt, daß damit angeblich auch eine ›Bildung des Geheimnisses‹ zu bewirken versucht wird; sowie die Illusion für anfällige Naive, daß es sich bei solchen Offenbarungen ›Aus den Papieren des Grafen von O**‹, um vertrauliche Mitteilungen aus den intimsten Zirkeln des Hohen Fluges handele – beides Dinge, gegen die ich völlig immun bin : mich interessiert weder was ›Prinzessin Margaret‹ bei der letzten Fuchshetze zu äußern geruhte; noch gedenke ich, um mir die Personen eines (womöglich umfangreichen) Romans merken zu können, das Alfabet in anderer Reihenfolge auswendig zu lernen. Und wenn 1 Skelett à la ›JEDERMANN‹ auf mich zuschreitet und mit gekonnt=hohler Stimme anfangen will : »Ich bin der Tod ...« – also dann wäre meines geringen Erachtens die einzig mögliche Antwort : »Dat wäit wi nu.« Ich habe andre Majestäten gesehen, und hoffe nicht zu jenen geistig Armen zu gehören, die neben einem Lichtschalter eine Glühbirne abgebildet sehen müssen. Das ist eine der großen Gefahren unserer Zeit, diese Umgehung des Wortvorrats durch kindliche Bildlein; dieser systematische Unterschleif beim Bewußtwerdenwollen von Fakten; diese staatlich geförderte Regression des Verstandes auf eine heraldisch versimpelte Zeichensprache bei Vorgängen, die der ›Mann auf der Straße‹ ohnehin nur verschwommen wahrzunehmen beliebt.

Nein; derlei Gestümpere gegenüber hat's JULES VERNE doch wohl um 3 Strich feiner gemacht. Einer bemerkenswerten Variante dieses sich=selbst=stimmens durch die Namen des Buches, das man grad unter der Feder hat (›unterm Gefieder‹ : man brütet ja) begegnet man in den Racheakten der Literatur, wo der Autor sich seine Busenfeinde vorknöpft (und sich selbst meist so recht con amore feiert). Die Schwärze der Magie besteht in diesem Falle darin, daß man sich pausenlos in einem selbstgezogenen Teufelskreise des Hasses bewegt & keinen Schritt tun will, ohne nicht sofort an den Zweck des Buches, die Skalpierung des Gegners, erinnert zu werden. Derlei ›Livres à clef‹ dürften auch so alt sein, wie die Literatur überhaupt – von HOMER wissen wir's bloß nicht mehr, wen er sich unter seinem ›Thersites‹ vorgestellt hat; die Landser vor Troja werden's sofort & feixend registriert haben. Die Methode der Verschlüsselung ist in jedem Falle ein Studium für sich. Von der erhabenen Pampigkeit DANTE's an, der die Gegner meist ganz kalt bei Namen nennt, und sie mit einer Selbstgerechtigkeit, die durchaus schaudern machen kann, in die einzelnen Höllentöpfe tunkt (ja ›stippt‹; oder auch kühltruhig ›einfriert‹); über die graciose Tapisserie=Arbeit HONORÉ D'URFÉ's, ein hochstilisierter Garten und auch so ein uns ungeläufiges Bedeutendes; TIECK's unnachahmliches ›Vogelscheuchen‹=Gemix aus ›Dräsdner Liederkreis‹ & Geister=Geistigkeit; KARL MAY's beturbante Ganovenwelten, wo ein Räuber den andern ›Räuber!‹ schilt; bis hinauf zu den letzten Feinheiten von ›Finnegans Wake‹.

3

»There is something in names!«
(LAWRENCE STERNE).

Dabei sind wir wie Schlafwandler auf einem 10=Meter=Sprungturm, und in & um uns ist, ohne komische Gewaltsamkeit, gleichzeitig Alles beisammen : Nachthimmel & Nachtmützen; Milchwagen & Milchstraßen; Stalllichter & Stallmägde; und all diese farbige Fülle von vornherein auf Buchstaben und sprechende Namen zu reduzieren, ist gröbliche Faulheit. Lauschen wir kurz dem, was einer der Größten unter den Großen zu sagen hat ›Über die Täuflinge der Dichter‹ : »Sogar die Kleinigkeit des Namen=Gebens ist kaum eine ... der Mensch sehnt sich in der kleinsten Sache doch nach ein wenig Grund; ›nur 1 Gründchen gebt mir, so tu ichs gern‹, sagt er. So sucht der Mensch auch im Namen nur etwas; etwas weniges, aber doch etwas. Unausstehlich ist dem deutschen Gefühle die britische Namensvetterschaft mit der Sache ... aber ganz & gar nichts soll auch wieder kein Name bedeuten, da nach LEIBNIZ doch alle Eigennamen ursprünglich allgemeine waren; sondern so recht in der Viertelsmitte soll er stehen, mehr mit Klängen als mit Sylben reden, und viel sagen, ohne es zu nennen, wie z.B. die WIELAND'schen Namen ›Flok, Flaunz, Parasol, Dindonette‹ usw. So hat z.B. der uns bekannte Autor« – ab hier meint JEAN PAUL sich selbst – »nicht ohne wahren Verstand unbedeutende Menschen einsylbig : ›Wuz, Stuß‹ getauft; andere schlimme oder scheinbar wichtige mit der Iterativ=Sylbe ›er‹ : ›Lederer, Fraischdörfer‹; einen kahlen=fahlen ›Fahlland‹ usw.« Hier ist man dem eigentlichen Problem schon ganz nahe; dieses aber lautet : daß die Namen der Personen irgendwie ›festliegen‹, ist gut & richtig; dennoch *WAS* ist es, das sie determiniert?

Fast immer weiß (Varianten : ›ahnt, empfindet, fühlt‹) ein Autor, der viele Namen benötigt – bald wohlklingende, bald banale; bei Dem, um ihn mit 1 fonetischen Zug sich selbst & dem Leser unverwechselbar zu malen; bei Jenem Nebenmännlein oder =frauchen um es rasch und ›ohne Arbeit‹ zu erledigen – fast immer also weiß er, wieviele Silben jeder haben & welche davon betont sein müsse, um in den Satzrhythmus wie auch in den der Assoziationen zu passen. Bei relativ nebensächlichen Namen wird es, meiner bisherigen Einsicht nach, vermutlich bei jedem Autor etwelche Hilfsmittel geben; da ich einiges von FOUQUÉ weiß, beginne ich bei ihm : seine ergiebigste ›Namensquelle‹ war JOHANNES VON MÜLLER, der Stilkünstler & Historiker. Dessen ›Freiherr von Montfaucon‹ (9,86) erscheint in FOUQUÉ's ›Zauberring‹; der ›Ritter Herdegen‹ des gleichen Romans 22,220; ›Arnold von Brescia‹ (›Sängerliebe‹) findet sich 8,135 erwähnt, und der ›Herr von Vergy‹ kommt 11,202 vor; 21,238 tritt dann gar sie vor uns hin, die ›Gräfin Yolande‹ des ›Alethes von Lindenstein‹, dieses Paradestückes der Deutschen Romantik, (und leider auch in absolitude Vergessenheit gesunken : wo ist der Herr Paper=Bäcker oder re=Printen=Fabrikant, der es uns – aber, bitte, ungehudelt! – wiederschenkte?!). Einer meiner Bekannten verwendet in solchen Fällen, träumerisch blätternd & halblaut abschmeckend, ein berliner Adreßbuch von 1925. Ich benütze für die Namensfindung bei Nebenpersonen das ›Hof= & Staatshandbuch für das Königreich Hannover auf 1839‹; dort kann, wer Zeit & Lust hat, sie Alle wiederfinden, die im ›Steinernen Herzen‹ herumlungernden Statisten : ›Thumann, W. Eggers, Weber, Knocke, Eisendecher, Hoppenstedt‹ etc. In ›Nobodaddys Kindern‹ hab' ich das rare ›Jahrbuch für die Hanseatischen Departements, 1812‹ herangezogen; und wenn ich einmal mehrere ausländische Namen benötige, steht links auf meinem Schreibtisch der ›Regenhardt; Geschäftskalender f. d. Weltverkehr, 1927‹. (»Warum grade er?« : weil ich ihn geschenkt gekriegt habe. / »Und wieso ausgerechnet links?« : weil rechts das Fenster ist, und ich den Teufel tun werde, und mir das Licht verbauen : ENDE!).

(Wie Hauptpersonen heißen, bzw. ›wichtige Verdrängte‹? – das lassen wir mal beiseite. Es gibt da ›Fixierungen‹, Erinnerungen & die mit ihnen verlöteten Lautfolgen, die sogleich Wichtigstes aussagten ..... ich tue wirklich notorisch in der Literatur was ich kann – ›Mehr als das!‹ werden mir Manche sogleich bestätigen – und vermöchte das ›Warum‹ der meisten meiner Namens=Zwänge sehr wohl anzugeben; aber das erforderte Opfer an Stücken der eigenen Persönlichkeit, für die das Publikum fast nie menschlich reif ist. Auch bin ich zu oft schon des ›ruhestörenden Lärms‹ geziehen worden, um anders als in ganz dringenden Fällen noch an den Schlaf der Welt rühren zu wollen.)

4

»›Wie heißt Ihr denn?‹ – ›Das, junges Frauenwesen, ist eine Frage, leichter gestellt, als beantwortet.‹ – ›Oh, sagt mir nur Eure Namen; ich werde dann, es ist sehr möglich, Euer Wesen schon erkennen.‹«
(J. F. COOPER, ›Lederstrumpf I.‹)

Denn er hatte, ehe er zum mythischen ›Leatherstocking‹ wurde, bereits eine ganze Serie von Namen geführt, jener als ›Nathanael Bumppo‹ geborene Erz=Stellvertreter aller diszipliniert Einzelgehenden – etwas ledern einher hage=stolzierend, zugegeben; aber mir lieber als ›Robinson‹, (wer ›Die Einsamkeit‹ derart als Exil bejammert, kann noch nicht viel durchgemacht haben; und was einen Geist anbelangt, der sich nicht selbst mühelos zu beschäftigen versteht, so muß der ›hinten auch etwas kurz‹ sein). Zuerst jedenfalls hießen ihn die Delawaren ›Die gerade Zunge‹, (weil er für ein Blaßgesicht so auffällig wenig log); danach, da er ein Junge ward, ›Die Taube‹, so schnell lief er Botschaften; wenig später, als sie sahen, daß er die Spur des Wildes unbeirrbar zu verfolgen verstand, ›Schlappohr‹ – »Oh, that is not so pretty, answered Hetty; I hope, you did'nt keep *that* name long?« – unbesorgt; er wurde sehr bald der ›Wildtöter‹, und ›Falkenauge‹, und ›Pfadfinder‹. – Erhebt sich vielleicht bei dem oder jenem Besinnlichen die Frage : hatten jene ältlichen Mohikaner nicht doch mehr Recht & Rechtsgefühl als wir, wenn sie bei der Namensgebung für einen Menschen grundsätzlich eine ›gleitende Skala‹ zugrundelegten? Waren sie, die Wilden, nicht doch bessre Menschen, ›feinere‹, wenn sie der Wesensentwicklung eines jeden Individuums, von De= zu De= zu Dezennium anschaulich, schrift=zügig, folgten? Oder, anders formuliert : muß ein ›ICH‹, nur weil sein Urgroßvater MEYER hieß – von dessen Anlagen es rechnerisch nur noch 12½% bei sich trägt, (immer sogar noch vorausgesetzt, daß, na ja) – aber *muß* es deswegen, zu mindestens 88% ein ganz Anderes, immer noch ›Meyer‹ heißen? Und seine Enkel nicht minder, in infinitum? Oder muß ›Die Frau‹, durch zahllose Fremdgenerationen stammbäumig zum Manne hergeästelt, ihren Namen, mädchenverhandelt, einfach verlieren?

›Unrealistisch‹? – klar, das ist auch so ein Gummistempel, mit dem ich immer noch am flinksten die Faulen bei der Hand gefunden habe! Und Behörden & Statistiken in allen nichtswürdigen Ehren; aber ist man sich klar darüber, daß imgrunde auch wir dieser speziellen Art der Erstarrung aufs munterste Schnippchen schlagen? Ich habe einmal in einer Kleinstadt gewohnt, deren beide ›Seiffert‹ man sehr wohl zu unterscheiden wußte; und zwar als ›Ypsilon=Seyffert‹, sowie, da der Andre sich eines impressiven NIETZSCHE=Bärtchens erfreute, als ›Seehund=Seiffert‹. Denn dort wie überall auf Erden wurden, auf gut=mohikanisch and with a lavish hand, ›Spitznamen‹ verliehen; stets waren sie charakteristischer als der verblaßte offizielle Name, ja oft entzückend in ihrer naiven Bildhaftigkeit; obschon der Betroffene nicht immer direkt begeistert war, sich hinterm Rücken ›Blitzschneider‹ genannt zu wissen – nicht seiner Schnelligkeit im Lauf, oder besonders schlagfertiger Repliken wegen; sondern weil er einst, in den Jahren des Buntmetallmangels, einem Nachbarn aus schierer Verzweiflung den Blitzableiter vom Dach entwendet & verkauft hatte. Und nie werde ich den leuchtend hellgrauen Wintertag vergessen, mit dem großen Gesicht der Fischhändlerin davor : *so lila* habe ich in einem langen & übelangewandten Leben noch kein Menschenantlitz erblickt! Da sah ich ein, warum sie selbst von den Kindern des Ortes (ja, gerade von diesen) – ich will's lieber übersetzen; sie befindet sich keine 100 Meilen von hier – ›lilac=face‹ genannt wurde.

Handelt es sich doch um eine, meist nicht mehr empfundene Lücke in unserer, sowieso heillos einschrumpfenden, Lust & Kraft zur Bildhaftigkeit, die solchergestalt von einem, längst nicht genug gewürdigten Seitenast der Volkspoesie immer noch aufs Putzigste ausgefüllt wird. Selbst bei der scheinbaren Nebensache der Namensgebung nämlich haben wir häutig=Erstarrte uns erst wieder daran zu gewöhnen, IHR den Preis zu erteilen, »der seltsamen Tochter Jovis, seinem Schoßkinde, der Phantasie«.

MUSS DAS KÜNSTLERISCHE MATERIAL KALT GEHALTEN WERDEN?

(Anmerkungen zu Extrakten aus BENN'S PALLAS und KUNST UND MACHT.)

»Vom Wind Geformtes / und nach unten schwer« : das ist gut. Als Theoretiker dagegen ist BENN *nicht* stimmfähig; denn er wußte nie in seinem Leben die Grenze zu ziehen, wo der ›lernäische Leim‹ aufzuhören, und die Sprache des Werkstattberichtes zu beginnen hat; die nämlich muß redlich sein einfach=verständlich=eindeutig.

Wer anläßlich einer Frage, die die ›zweite Säule‹ unseres Berufes – nämlich das Handwerklich=Mitteilbare – betrifft, mit Wendungen wie »siderische Vereinigung«; »phallische Kongestion« oder »Vor=Ure« auf den Plan tritt, bietet dem Belehrung Suchenden nur nichtswürdig=aparte Hülsen : es ist unglaublich, *wie leer* die artigen Büchschen sind!

Zu schweigen noch von der Bodenlosigkeit einer Argumentation, welche die »schmale kinderlose Göttin« Pallas heranzieht, »die die Flöte erfand« – mit weit mehr Berechtigung behaupte *ich,* daß es sich bei der betreffenden Dame um ein 6 Fuß hohes Flintenweib gehandelt habe; die sich zwar einmal ein tönendes Röhrchen zwischen die athletischen Lippen steckte, es jedoch, als das Gesicht entstellend, sogleich wieder, eitel, wegwarf : was soll, bei einer ernstzunehmenden theoretischen Erörterung dergleichen unredliches Ge=Metafere?

Wenn ich ebenfalls zum Schmuggel mit antiken Altmaterialien tendierte, würde ich BENN's Thesen etwas vom ›mystelnden Gemurmel eines verkantet=gestürzten Saturn vindizieren‹ – so aber sage ich einfach : BENN schwatzt.

* * *

Seine Begriffe sind keine; in je einem Halbdutzend schwammiger

Zeilen schminkt er uns angebliche ›Typen‹ zurecht, um die Puppen nachher nach Belieben tanzen lassen zu können.

Der »Beauftragte der Formvernunft« ..... abgesehen von dem schon wieder hierin angebrachten metafysischen Falltürchen einer ›Beauftragung‹ : von *WEM* wohl, möcht' ich wissen! – wie *schlecht* schmeckt das im Munde, dieser vom Hitlertum sieghaft angekränkelte Wortschatz! Es fehlt nur ein ›Reichs=‹ davor!

Der »Kunstträger ... weiß kaum etwas von *vor* ihm und *nach* ihm, lebt nur mit seinem inneren Material« ..... das wäre freilich ein leichter Beruf, wo man sich nur um so eine reduzierteste Ein=Mann= Welt zu kümmern brauchte, und sein Hätschelseelchen Monologe girren zu lassen! Etwas von »*nach* ihm« zu wissen, wie BENN sich geistreich ausdrückt, verlangt wohl Niemand; aber daß er nun auch kaum etwas von *vor* sich wissen dürfe? Und wenn ›draußen‹ ein Hitler auftaucht, dann ist es nicht nur meine verdammte Pflicht & Schuldigkeit als Künstler, sondern sogar reiner Selbsterhaltungstrieb, das Affen=Monstrum derart zu erläutern, daß dem BENN'schen »Kulturträger« der Wahlzettel in der Hand wackelt. Wer nach BENN'schem Rezept nur »mit seinem inneren Material lebt«, ist nicht der »Kunstträger«, sondern der *Drückeberger*!

»Es ergibt sich, der Kunstträger ist aus seinem natürlichen Wesen heraus eine gesonderte Erscheinung« – : oh, carry me home to die! Dazu muß ich mehrere Seiten BENN lesen, um diese große Neuigkeit noch einmal, im anmaßendsten Ton, als ›Ergebnis‹, serviert zu bekommen?!

* * *

BENN meint auch gar nicht den »Kunstträger« allgemein; er meint eine ganz kleine, die dubioseste, Randgruppe von Künstlern; nämlich die ausgesprochenen *Kurzstreckenläufer* unter den Wortbastlern : die Lyriker, bzw. die Aforistiker à la Eff Nietzsche. Die machen sich's allerdings beneidenswert einfach : »meißeln auf Handflächengröße«; jaja, die Herren Lyrikers ..... JAMES JOYCE hat zum ODYSSEUS freilich 8 Jahre gebraucht!

Noch deutlicher geht seine voreingenommene Beschränktheit

aus jener découvrierenden Stelle hervor, wo er den *Romanschriftsteller* in die Nähe der bloßen *Kulturträger* stellt : »Beiden eignet das Pflegliche und in=die=Breite=gehen, auch das Einträgliche; während der *Lyriker ein ausgesprochener Kunstträger ist*«; und, noch einmal, nur wenig später, in lapidarer Borniertheit : *»Der Aforismus gegen den historischen Roman!«*

Das ist nicht nur eine These von ausgezeichneter Unfruchtbarkeit; sondern geradezu eine bewußt falsche Unterstellung – ich will es, als Akt ausgleichender Ungerechtigkeit, flugs umkehren :

Zum lyrischen Gedicht bedarf es nur eines beneidenswert kurzen Darms; und schon der Ablauf nur 1 einzigen Tages widerlegt alle Lyrik : dem wechselnden Tempo von auch nur 24 Stunden wird nur gute Prosa gerecht. Natürlich nicht der so geschickt mit dem abfälligen Beiwörtchen angeschmitzte BENN'sche »historische Roman«; aber, noch einmal : wie wär's mit LEOPOLD BLOOM?

* * *

Womit ich endlich nach ausgeräumtem Wortschutt, zur eigentlichen Frage kommen kann.

Anstatt all des literastischen Wort=Maßwerks vom »Dionysos« – wenn ick *den Nam'* schonn immer hör'! – und »Neunmonatszauber«, hätte BENN lieber die Entstehung wirklicher umfangreicher Kunstwerke, *also länger anhaltende Prozesse,* nüchtern untersuchen sollen. Hätte unterscheiden sollen : die *Einsammlung* von Material; von seiner *Verarbeitung.*

Selbstverständlich hat der *Sammel*vorgang relativ ›kalt‹ zu erfolgen : das *gerichtete* Aufsuchen und Notieren von Charakteren, Beleuchtungen und Kleindetail aller Art, erfordert *Jahre*; man muß ja schließlich alles zum Thema Gehörige angefaßt haben, gerochen, im Munde gehabt. Und man stopft ja mit nichten Alles zwischen die 4 Ecken einer Prosa=Seite; sondern ›sieht‹ letztlich nur noch das, was ›dazu‹ brauchbar ist. Die zu einem guten Stück erforderlichen 1–3 Tausend Zettel – vom Stichwortumfang an, bis zur fertigen Viertelseite – jeder einzelne ein halbes Dutzend mal umgeschrieben, muß man freilich zunächst *unterkühlt* halten – nicht bloß »kalt« – damit das Material nicht vorzeitig zu keimen anfange.

Ein Anderes ist dann freilich die *Zusammenschweißung,* die nahtlose, des solchergestalt lange und mühsam an sich gezogenen Materials – dabei treten natürlich ›Zustände‹ auf, denen des lyrischen Kurzarbeiters ähnlich; (aber immer noch mit dem beachtlichen Unterschied, daß die unsägliche Konzentration des Prosaschreibers ein rundes halbes Jahr anzuhalten hat : selig, wem Allah hierfür die Knochen eines Ochsen verlieh!)

So haben sie Alle, die wirklich Guten – der große Jean Paul; Beethoven; die Maler – über ihren Riesen=Zettelkästen, Notizbüchern mit ›Motiven‹ und Skizzenmappen, gehockt : in den Monaten der Niederschrift dann, wird das Material angewärmt, erhitzt, ja, *glühend gemacht!*

* * *

Mit BENN'schem »Flug & Traum« hat das gar nichts zu tun. Das sind alles völlig irrelevante Verlegenheits=, Verlogenheits=Ausdrücke eines Mannes, der konstitutionell zur künstlerischen *Mikro*=Äußerung veranlagt war : für die war er zuständig; für die mag er sich selbst Einiges zu sagen gehabt haben.

Aber man stelle sich eine – hoffentlich bald kommende – Schriftstellerschule vor und einen Lehrer, der nach BENN'scher Manier dort ›Sternbaldisierte‹ : was würden fleißige, lernbegierige, begabte Schüler sich von dergleichen Satz=Gelee dann Abends mit heimnehmen? Dem werdenden Autor gibt jedes Lehrbuch des Maschine=Schreibens unvergleichlich Brauchbareres! Ich halte wahrlich nicht übertrieben viel von ›Germanistischen Seminaren‹; aber *mehr* lernt man dort immer noch. –

Bemerkenswerte Gedichte sind BENN ab & zu gelungen, und auch in den »Gehirnen« hat er volles Maß. Sein Theoretisieren aber mag vielleicht als ›subjektives Bekenntnis‹ interessant zu lesen sein – beim Versuch jedoch, es irgendwie in die Praxis zu übertragen, erweist es sich als reiner Silbenwind und unfruchtbare Zungengaukelei.

UNSTERBLICHKEIT FÜR AMATEURE.

1

... denn sie ist, wie KLOPSTOCK uns schriftlich gegeben hat, ›ein großer Gedanke‹ und ›des Schweißes der Edlen wert‹ – eine für meinen speziellen Geschmack allerdings etwas zu melodramatische Wendung. Ich würde erst einmal das ›edel‹ herauslassen; was das sei, ist so ausgemacht noch nicht, daß es nicht noch einige Untersuchungen vertrüge. Bei dem ›großen Gedanken‹ möchte ich proponieren, sacht das ›groß‹ zu entfernen; und dasselbe widerfahre der ›Unsterblichkeit‹; (still streicht's mein FABER=CASTELL 1357).

Denn sich Unsterblichkeit einzubilden oder gar zu wünschen, dazu gehört ein Maß an Unklugheit, das ich nicht besitze. Der Tod bedeutet, nach dem, was wir bis jetzt über ihn wissen, die Rückverwandlung allzukompliziert geratener Lebensmaschinchen ins stupid=dauerhaftere Anorganische; ein ziemlich brutaler Trick, dem 1 Kleinschnipp zu schlagen uns dadurch gelungen ist, als es Bücher gibt, vermittelst deren einige ›auserlesene Geister‹ noch ein paar Jahrhunderte so'n bißchen wirken; (die Spotthäkchen um das weitmäulige Adjektiv deswegen, weil es sich eben auch wieder nicht um das sorgfältig=sorgenfaltige Bewahren von Groß=Genien handelt; sondern Naturereignisse, Zufälle, das Feuer – Omar verbrennt die Bibliothek von Alexandrien; Hitlers Rassepöbel macht's nach – sorgen dafür, daß Einem auch dieses Ausleseprinzip höherer & höchster Gewalten nur hochverdächtig erscheinen kann : »Let 20 pass, and stone the 21st; not loving, hating not, but choosing so« (BROWNING). Wird also, als bürgerliche Variante des einleitenden Dictums, etwa dieses bleiben : eine Zeitlang noch, ab & zu, genannt und gewürdigt werden, (meist nur mit 1 anerkennenden Nick eines Benützerkopfes) – achgott, s'iss vielleicht ä Gedanke, wie? Allerdings kommt man bei der praktischen Ausführung unvermeidlich ins Schwitzen.

Nachdem dergestalt wieder mal ein paar der beliebten, ebenso weitverbreiteten wie irreführenden Klischeevorstellungen ausgeräumt wären, beginne ich gern ernsthaft zu reden. – Das ›Genie‹ ist selten bei uns. Nicht weil die Fähigkeit dazu so rar wäre – die wird vermutlich häufiger sein, als man meint; (obschon *so* häufig, wie die alljährlichen Meßkataloge und ›Klappentexte‹ uns einreden möchten, nun wiederum auch nicht) – aber sie macht im Endeffekt nicht mehr als 25% aus. Die nächsten 25 bestehen aus Mut; d.h. erworbene Unanfälligkeit für populäre Tabuvorstellungen und von der Außenwelt auferlegte Denkhemmungen, sowie Rücksichtslosigkeit gegen den eigenen Körper & dessen Wohlergehen. Die nächsten 25 ergibt proletarisch=robotender Fleiß; (ich akzentuiere hier ausnahmsweise einmal das ›proletarisch‹, weil sich's so nett mit KLOPSTOCK's hochgestochenem ›edel‹ beißt). Die letzten 25% endlich müssen aus Glück bestehen; so scheint es z.B. in Deutschland unvermeidlich, daß jeder Genius während seines Lebens 5–6 Jahre lang ›Stahlgewittern‹ ausgesetzt werden, worauf denn nicht selten Granatsplitter eine letzte, freilich ziemlich kuriose Art Zuchtwahl bewirken. Also das Genie lassen wir mal ganz beiseite; das beißt sich ja, nach beliebter Theorie, von selbst durch. Die dringende Frage heißt hier ja vielmehr : was soll der Gute Amateur, der am Genie Verhinderte, tun?

Die Frage begegnet recht häufig, und ist ein gutes Zeichen für den, der sie stellt; noch ist ›Der Funke‹ in ihm lebendig; der ehrenhafte Menschenwunsch, über sich selbst hinaus zu nützen, möglichst ins nächste Jahrhundert hinein. Und das ist so einfach, daß es unverantwortlich wäre, nicht darauf hinzuweisen, wie unsre Literatur, deren Geschichte und deren Hülfsmittel, noch ziemlich im Anfang stehen : wenn es jemals besser werden soll, dann ist dazu die Mitarbeit der Amateure, der endlos=fleißig Liebenden, erforderlich. Ich deute im Folgenden nur an; hinter jedem angetippten Themenkreis stehen *Tausende,* vom Genius nicht zu erledigende, dennoch unbedingt benötigte, Einzelaufgaben & Vorarbeiten. –

2

Ich beginne beim Einfachsten – oder Halt! : wäre das noch ›einfach‹, wenn Einer 10 Jahre exaktester Feierabend= oder Freizeitarbeit opferte?

Einer der folgenreichsten & unbekanntesten deutschen Schriftsteller war JOHANNES VON MÜLLER (1752–1809). Man lasse sich dadurch nicht täuschen, daß er ein ›Historiker‹ genannt wird; schon recht, aber seine eigentliche Wirksamkeit, bis heute, ist durch seine seltsame Sprachkraft begründet, von der noch gar nicht genau anzugebende deutsche Schriftsteller profitiert haben :

»Sie standen / in schmaler Ordnung / mit kurzen Waffen; / 400 Luzerner, 900 Mann aus den 3 Waldstätten, und ungefähr 100 Glarner Zuger Gersauer Entlibucher Rotenburger, unter ihren Bannern; / unter dem Schultheiß der Stadt Luzern und unter dem Landamman eines jeglichen Thales. / Einige trugen die Hellbarten, womit im Paß bey Morgarten ihre Ahnen gestritten; / einige hatten statt der Schilde ein kleines Brett um den linken Arm gebunden. / Erfahrene Krieger sahen ihren Mut. / Sie fielen auf die Kniee & beteten zu GOtt nach ihrem alten Gebrauch. / – Die Herren drüben banden die Helme auf. / Der Herzog schlug Ritter. / Die Sonne stand hoch. / Der Tag war sehr schwül. –« Alle erscheinen sie dem Kenner aus den Tiefen der Zeit, die mächtig Angeregten : MEYERN's ›Dya Na Sore‹; SCHILLER's ›Tell‹; FOUQUÉ; die KOLBENHEYER & WILHELM SCHÄFER unserer Tage; seine Einflußsphäre ist noch gar nicht zu überblicken. Die gesammelten Werke dieses Mannes nun sind (oh, der Schande!) zum letzten Male 1831–35 in 40 Bänden bei Cotta erschienen, allein das ein gruseliges Hindernis für die Bekanntschaft mit MÜLLER. Diese 40=bändige Ausgabe ist unschätzbar; aber es handelt sich um ein Schatzhaus, dessen Türe verschlossen ist : *denn diese 20.000 Druckseiten haben kein Register!*

Mit anderen Worten, Jeder der sich mit MÜLLER beschäftigen oder gar über ihn arbeiten will, und der ergo die genannte Ausgabe benützen *muß,* steht am Ende, auch der intensivsten Lektüre da, und hat sich immer wieder nervös zu fragen : ›Was sagt er denn gleich alles über Attila; oder Mohammed; oder über HEINSE, (mit dem er in Mainz zusammen war), über GOETHE, Napoleon, oder dies & das?‹. Hier, wo die Verleger ebenso wie die beamtete Literaturwissenschaft versagt haben, gibt es nur 1 Lösung, 1 Hoffnung, und sie heißt :

Amateure vor!

Da eine Faustregel lautet, ein wissenschaftliches Buch sei dann hinreichend aufgeschlossen, wenn auf je 20 Seiten Text 1 Seite doppelspaltigen Registers komme, wird das also bedeuten, daß in diesem Fall MÜLLER ein Registerband von 800–1000 Seiten erforderlich sei; was, in Ausdrücke von Zeit & Leistung übersetzt weiterhin heißt,

a) daß man sich zunächst jene Gesamtausgabe zu beschaffen hätte.
b) daß man Gefallen daran finden könnte; (notabene : das müßte schon ein schlechter Kerl sein, der auf MÜLLER's Stilkünste nicht reagierte!).
c) daß man jeden Tag, nach Feierabend, 10–20 Seiten skrupulösest durchginge & auseinanderzettelte, in eine große alfabetische Kartei – 4–5 Jahre wären freilich schon daran zu wenden.
d) Anschließend kämen noch dreiviertel Jahre Reinschrift des Manuskriptes dazu; und ein gutes halbes Jahr Korrekturenlesen während des Druckes.

Denn ›der Absatz‹ stieße in diesem Falle aller Voraussicht nach auf keinerlei Schwierigkeiten; denn von Privatinteressenten einmal ganz zu geschweigen, müßte jegliche Großbibliothek, wie es auf dem Erdball rund 1000 gibt, dieses unschätzbare Register ankaufen.

Ich habe nur den 1 Namen MÜLLER genannt; aber es sind selbstredend, nur in lieben Deutschlands Mitten, vieleviele Hunderte.

3

Gehen Sie in eine große Buchhandlung, und verlangen Sie : »Ein Reimlexikon, bitte –«. Nach ein paar im Hinterzimmer verflüsterten Kleinminuten wird die Verkäuferin, leicht verlegen, wieder erscheinen, und Ihnen mitteilen, daß im Augenblick momentan grade keines ..... aber der neueste MILLER wäre doch auch sehr int'ressant? Nun habe ich nichts gegen HENRY MILLER (obschon ich ihn auch nicht überschätze); wohl aber diverse gutbegründete Einwände gegen das Fehlen eines umfangreichen deutschen Reimlexikons : es ist eine schlichte Kulturschande, daß einer zwar nur mittelgroßen, aber so traditionsreichen Sprache wie der deutschen, ein derart fundamentales Buch einfach fehlt. Hier einige Hinweise.

1.) Nicht, daß ich selbst ›Dichter‹ werden wollte – ich mag weder Lyrik noch Lyriker übermäßig leiden; die Leutchen machen sich's, meiner Ansicht nach, etwas zu leicht – aber ich hätte schon wie oft eins brauchen können, wenn ich englische Gedichte ins Deutsche zu übersetzen hatte.

2.) Nicht selten ist es mir beim Urkundenstudium schon geschehen, daß da ein 200 Jahre alter Brief – auf gelblichem Papier, mit klaffendem Gänsekiel, an wackligem Tisch, mit halb unsichtbarer Tinte geschrieben – nun auch noch der Länge der Seite nach von oben bis unten durchgerissen, und ergo an der Rißlinie überall nur noch die hintere Hälfte der Worte zu lesen war. (Und ich möchte jedem Menschen, als reine Scharfsinnsübung, einmal dies empfohlen haben : sich von einem Freund die der Länge nach in der Mitte durchgeschnittene Seite eines ihm unbekannten Buches geben zu lassen; und nun zu versuchen, das Fehlende zu ergänzen. Oder, wenn er das lieber mag, eine Schachpartie, von der man die weißen Züge hat, zu komplettieren.) Für solche bedauerlichen Fälle literärhistorischer Forschung leistet ein Reimlexikon nämlich praktisch den Dienst des hier benötigten ›rückläufigen Wörterbuches‹.

Und nun kommt das Verrückte : wenn Sie in der gleichen Großen Buchhandlung nach einem *Hebräischen* rückläufigen Lexikon fragen? – *das kriegen Sie; ein deutsches nicht!*

Natürlich hat es deutsche Reimlexika gegeben. Das immer noch mit Abstand beste=umfangreichste ist das von PEREGRINUS SYNTAX, 1826; es ist jedoch praktisch völlig unerreichbar, und wird überdem antiquarisch mit 150 Mark gehandelt. Späterhin hat der Verlag Reclam ein winziges Surrogat von 250 Seiten herausgegeben – besser als nichts, sicher; aber was Aufschlüsselung des deutschen Worts= & Namens=Schatzes angeht, (schweigen wir ganz von den hier ebenfalls benötigten Fremdworten und ausländischen Eigennamen, sowie denen der Historie, Geografie, etc.) nur ein schlechter Scherz. Was not täte, ist wiederum schändlich einfach : ein 1000=Seiten=Band in Lexikonoktav, 4=spaltig, so daß rund 4 bis 500 Tausend Worte & Eigennamen, nach ihren Endsilben geordnet, darin gesilot erschienen. Auch so eine dieser gigantischen Fleiß=Arbeiten, die dennoch etwas mehr erforderten, als bloße beamtenhafte Betriebsamkeit; nämlich auch das Feingefühl des guten Lesers für das, was für Schriftsteller gegebenenfalls anregend & bildererzeugend sein könnte, (demnächst werden z. B. die Namen sämtlicher Mondkrater wichtig werden, wenn die ersten Sowjetdichter sie besingend schildern). Wo ist der Mann (oder die Frau), der die Arbeit übernimmt? Und wo der deutsche Verlag, der diese echte Lücke ausfüllte? (Klett tut's nicht; der bescheinigte mir, auf meine Anregung hin, in einem liebenswürdigen Antwortschreiben meine Unrealistik.)

Weiter im Thema Nachschlagewerke. – Da besitzt etwa die englische Nation einen ›Oxford Companion to English Literature‹ von 1000 doppelspaltigen Seiten, in dem man z. B. folgendes nachsehen kann : Sie haben nicht mehr parat, worum es sich bei DICKENS' großem Roman ›Bleakhouse‹ handelt? Da schlagen Sie nur frisch unter ›Bleakhouse‹ nach, und Sie werden dort eine gedrängte aber hinreichende Inhaltsangabe treffen, samt dem Verzeichnis der 20 bedeutendsten handelnden Personen. (Nicht daß das Buch irgend vollkommen wäre; 30% sind reiner Tinnef, nämlich ganz unzureichende, ja falsche Angaben über unverdaute ausländische Literatur, die man in künftigen Auflagen besser weglassen, und durch solche über englische Bücher ersetzen sollte.) Aber trotzdem : *Wir haben sowas im Deutschen nicht!*

Nun könnte ein solches, dringendst erforderliches Buch allerdings nicht mehr die Arbeit eines Einzelnen sein. Um einen Begriff von den hier rein zeitlich erforderlich werdenden Aufwendungen zu geben, sei nur 1 Beispiel genannt : IFFLAND, um 1800 ein Schreiber von bestseller=Stücken, (und in einigen durchaus einer Renaissance wert; wer die ›Privataltertümer‹ jener Zeit kennen lernen will, für den ist IFFLAND ebenso ein ›must‹ wie KOTZEBUE oder LAFONTAINE); seine 70 Schauspiele wären durchzusehen; die 5 oder 6 besten auf je 10 Lexikonzeilen zu kondensieren, (und cave!, Mesdames : das will gelernt sein!); und endlich ein Kurzbiogramm für den Artikel IFFLAND selbst zu liefern. Mit anderen Worten : für diese 1 Lexikonspalte müßte ein fleißiger & begabter Amateur rund 5 Monate seines Lebens verwenden; ›das ist nun mal nicht anders!‹.

Späterhin dann freilich, so im Jahre 2.200 oder mehr noch, würde jeder Benützer den (mit ›K‹ oder ›M‹ oder ›es‹ signierten : ›Verzeichnis der Mitarbeiter siehe am Ende‹) Artikel erst durchfliegen; dann vielleicht mißtrauisch=stichprobenhaft kontrollieren; dann eventuell murmeln : »Deuwel auch, das heiß ich mir Information! – Muß'n doller Kerl gewesen sein.« – Wo aber ist der deutsche Verlag, der ein solches allwichtiges Buch plante, arrangierte, auf 1000 Mitarbeiter verteilte; und dann, rasch & nützlich, im Jahre 1970 uns schenkte?! –

4

Darf ich noch weit Dringenderes schildern?

Da habe ich unter anderem seinerzeit in Tübingen gesessen, und ein paar der dorthin ausgelagerten (Ost)berliner Handschriften durchgesehen. FOUQUÉ's ›Parcival‹, (ganz abgesehen von dem berühmten Namen und dem Interesse der Variante, sein einwandfrei bestes Epos!) ist bis heute nur in diesem 1=einzigen, auch schon leicht beschädigten & höchst gefährdeten Exemplar vorhanden! Es wäre eine nationale Ehrenpflicht, dieses Werk des Verfassers der ›Undine‹, (auch eines Stücks sprichwörtlich=repräsentativer deutscher Literaturbemühung), zu sichern. Ich frage gar nicht nach dem Groß= oder sonstigen Industriellen, der die zur Fotokopierung des einzig=artigen Stückes nötigen 300 Mark ›auswürfe‹; nein, viel besser : wo ist der verläßliche Amateur, der auch eine Schreibmaschine besitzt, der sich die erforderlichen berühmten ›100 Tage‹ hinsetzte, und, ›mit Durchschlägen‹ gleich 6 neue Exemplare dieses herrlichen, vor allem formal maßlos interessanten ›Parcival‹ herstellte?

Und überall liegen sie ja doch herum, die unersetzlichen Handschriften unserer einst=Besten, in einer geradezu grauenerregenden Exponiertheit, und harren ihrem Laser=Strahl entgegen. Man macht sich das vermutlich überhaupt nicht hinreichend klar : Leute, Schriftsteller, Dichter, die wir seit Jahrhunderten als ›deutsche Künstler‹ vereinnahmt haben, die die Zierden unsrer Bücherbretter bilden, und die auch das Ausland nickend nennt, wenn von deutscher Kultur die Rede ist, von Denen gibt es tausende von ungedruckten Manuskripten, die an einem seidenen Faden über dem Nichts des Irrsinns schweben – 1 Streichholzes; 1 überdrüssigen Kehrfrau; 1 läppischsten Zufalls : 1 Russen oder Amerikaners, der 'n Fidibus braucht! – Gebilde aus Glas, in einem gläsernen Raum, für den die Bezeichnung ›Vakuum‹ viel zu sicher wäre. Und Wir wollen ein ›Volk der Dichter & Denker‹ sein? : *was ist denn mit uns los?!*

In Görlitz in der DDR schlummern solchermaßen die Handschriften LEOPOLD SCHEFER's, eines zu Unrecht vergessenen, glänzenden Meisters unserer Prosa; 60 dicke Hefte Tagebücher, Stöße von Briefen unschätzbar für die Kenntnis der Zeit, auch die Handexemplare seiner Bücher mit Anmerkungen am Rande : wo ist der Amateur, der uns die unersetzlichen Bestände erhält?

In Kiel ruhen 4 Fassungen des großen Romans ›Otto Babendiek‹ von GUSTAV FRENSSEN, eines Mannes, den ich ansonsten kaum schätze, der aber dieses 1 unbestreitbar bedeutende Stück geliefert hat : wer setzt sich einige Jahre dazu, und liefert uns eine textkritische Ausgabe?

Man sehe für ähnliche Aufgaben im ›FRELS‹ nach (der auch dringend eine Erneuerung vertrüge!); man frage die Verwalter der lokalen Großbibliotheken; man erkundige sich bei den zeitgenössischen Fachleuten nach Themen. Die Menge des zu Leistenden ist so unwahrscheinlich groß, daß 2 deutsche Generationen, still & fleißig, zu tun bekämen. (Und man übersehe nicht den rein menschlichen Gewinn, der unweigerlich eintritt, wenn man sich intensiv=vergnügt mit einem, auch ältlichen, Schriftsteller befaßt; mit seinen Büchern – welche Schnurren, welche Einfälle! – mit seinem Leben & seinen Grillen, den netten wie den unliebenswürdigen.)

›Unsterblichkeit‹? – in den uns verbliebenen Grenzen ist sie ganz leicht erzielbar : ein paar Jahre Fleiß, ein paar Jahre selbstloser Korrektheit, und auch Ihr Monogramm bliebe für die nächsten Jahrhunderte, und mit Recht, erhalten. ›Nicht nur Verdienst, auch Treue wahrt uns die Person!‹.

HÄNDE WEG VOM LEXIKON!

»*Eines* Mannes Rede ist *keines* Mannes Rede / : Man soll sie billig hören *Beede!*«; und wenn noch ein Dritter da ist, als Zeuge und Eideshelfer – umso besser.

Also pflege ich, wenn ich, zumal bei sinkender Nacht, die ›Neuesten Tagesnachrichten‹ von einem unserer bundesrepublikanischen Sender abgehört habe, als nächstes mir die DDR=Station Leipzig zum gleichen Thema einzustellen (und wenn Inge Bartels spricht, hat man noch zusätzlich den Genuß eines Contr'alto, gegen den Zarah Leander nur ein erbärmlich kleines Licht ist.) Anschließend setze ich Beromünster drauf (es kann aber auch genau so gut die Sendergruppe Vorarlberg sein); falls es mit der Zeit paßt, folgt noch BBC London, – dann weiß ich ungefähr 60 % der Wahrheit.

Mehr nicht! – Denn ich kann leider nicht Arabisch, und habe also keine Möglichkeit, Paris PTT mit Radio Tunis oder Kairo auszutarieren; oder, nach der uralt=guten Weisheit vom groben Klotz & Keil : auf das ›American Forces Network‹ gehörte eigentlich unerläßlich der Langwellensender Nowosibirsk.

Und ich möchte mich hierbei ausdrücklich gegen den Vorwurf der Frivolität verwahren! Ich habe ein halbes Jahrhundert lang am eigenen Leibe die perfide Wahrheit jenes Bonmots erfahren, mit dem es vor 150 Jahren ein Großer dem Anderen verriet : »Was Schicksal? : Die Politik ist das Schicksal!«

Sie ist es. Und deswegen bin ich immer gern möglichst gut informiert, – über mein künftiges Schicksal.

* * *

Woran aber bin ich mich noch häufiger zu wenden genötigt, wenn ich – im Laufe des Arbeitstages, en passant, meist stehen ja nur ein paar hastige nervöse Sekunden dafür zur Verfügung – wenn ich mich da über irgend ein Datum, eine Zahl, über Namen und Fakten belehren will?

: Sie greifen zum Konversationslexikon? Natürlich, ich auch; aber darf ich fragen zu welchem? AFN oder Nowosibirsk?

Womit wir bei einem der übelsten Themen unserer – an üblen Themen so reichen – Zeit angelangt wären. Denn es gibt ja wohl nichts Schlimmeres, als die scheinbar harmlosesten Informationsquellen systematisch in einer Art zu trüben, für die schlichtweg das Wort »Brunnenvergiftung« am Platze wäre!

* * *

Schalten wir für heute die vielbändigen Reihen aus. (Nicht nur, weil das Feld sonst zu weit würde; sondern vor allem, ganz unter uns : der ›Freie Westen‹ schnitte bei einem Vergleich übel ab! Unser größtes deutsches, zur Zeit im Handel erhältliches, Lexikon, der ›Brockhaus‹, hat 12 Bände : die neuste Sowjetenzyklopädie 50 (in Worten : fünfzig). Wie elend die amerikanischen Machwerke sind, brauche ich dem Kenner, der immer wieder vergebens in ihnen nach Belehrung sucht, nicht erst zu sagen. Der französische ›Larousse‹, das einzige *drei*spaltige Großlexikon? : von zu geringem Umfang. Wenn der Westen nicht das Buch der Bücher hätte, sie, die große ›Encyclopaedia Britannica‹, die mit ihren 32 Quartanten ein rechter Trost des Wißbegierigen ist – wir müßten das Gesicht zur Wand kehren, und uns derb eins schämen!)

Beschränken wir uns heut und hier auf die Kleinlexika von 1, höchstens 2 Bänden, die man griffbereit auf dem Schreibtisch stehen haben kann.

* * *

Es hat eigentlich immer welche gegeben; vom alten spanischen Bischof Isidor im sechsten Jahrhundert an. Und die Betrachtung solcher verschollenen Bände ist mit nichten als botanische Kuriosität zu werten; sondern hat – vom sehr beachtlichen darin niedergelegten Material ganz abgesehen – ihre nachdenklichen Aspekte.

Wonach griff man im 18. Jahrhundert, wenn man sich rasch informieren wollte; was nahm der junge Lessing zur Hand, wenn er Details über die benachbarte ›Sechsstadt‹ Lauban suchte? : den ›Hübner‹!

Seit 1704 nämlich erschien, immer wieder aufgelegt und auf den neusten Stand gebracht, das »Reale Staats=, Zeitungs= und Conversations=Lexikon; darinne so wohl die Religionen und geistlichen Orden, die Reiche und Staaten, Meere, Seen, Inseln, Flüsse, Städte, Festungen, Schlösser ...... als auch andere Begriffe, Gelehrten und Ungelehrten zu sonderbarem Nutzen klar und deutlich beschrieben werden.« Besonders apart ist der Anhang, der Beginn der Bebilderung; dessen sachlich=naive Überschrift wir – in dieser Hinsicht ausgesprochene Inflationisten – nur errötend lesen sollten : »Angenehme Augen= und Gemüths=Belustigungen, in acht sauberen und accuraten Kupfer=Platten«, für »Curieuse Leser« : darauf läuft's nämlich letzten Endes auch heute noch hinaus; obwohl wir weit ehrbarer tun.

Und besagter ›Hübner‹ ist ein unverächtliches Buch, mit insgesamt 2520 Spalten Lexikonoktav (ich zitiere nach meiner Ausgabe von 1752) : wer wissen will, wie es um die Jahre des Siebenjährigen Krieges in den Köpfen aussah, tut nicht übel daran, wenn er ihn laufend zu Rate zieht. Ich sage absichtlich nur dieses »nicht übel«; denn schon beim ›Hübner‹ beginnt jene einleitend angedeutete Praktik der einseitigen, also *Falsch=Information!*

* * *

Und ich meine jetzt nicht die, leider meist überflüssig zahlreichen, Irrtümer im Sachlichen; Lexika besitzen – wie auch Wörterbücher und Rechentafeln – das Vorrecht, Fehler aufweisen zu dürfen.

Also nicht das ist das Verwerfliche, daß man im kleinen Knaur unter ›Olbers‹ die Behauptung antrifft, der habe 3 kleine Planeten entdeckt (es waren nämlich nur 2; den mittleren, Juno, fand Harding). Oder daß das letzte zweibändige DDR=Lexikon in seinen astronomischen Artikeln bedauerliche Schwächen aufweist :

unter der Überschrift ›Nova‹ kann man die unbegreiflichsten Behauptungen antreffen; etwa, der bekannte Crab=Nebel – für den dort ständig die irreführende Falschübersetzung »Krebs=Nebel« verwendet wird – stehe an Stelle der Supernova von 1572 : dabei ist's die alte chinesische von 1054. (Ich kann hier immer nur je 1 Beispiel geben; nicht, daß es an weiteren mangelte; es ist lediglich eine Platzfrage).

Auch die Unbeholfenheit der Konstruktion mag noch hingehen – obwohl die Mängel da schon für den Benützer empfindlicher werden können – z.B. daß im Knaur wohl die netten briefmarkengroßen Porträts erscheinen (wie hieß es gleich : »Angenehme Augen= und Gemüths=Belustigung«?) daß aber nicht ›Lessing 1766‹ darunter steht, sondern eben bloß ›Lessing‹; daß der große Klopstock nur 3 arme Zeilen füllt, während so mancher moderne Schwätzer sein gutes halbes Dutzend hat; oder die sagenhafte Geschmacklosigkeit, mit der uns als »Arabische Schriftprobe« nicht etwa »Allah ist groß« dargeboten wird, sondern dreimal das im Orient anscheinend weit geläufigere »Knaurs Lexikon«. –

Also diese ›Vorgabe‹ sei ihnen allen, wenn auch ungern, zugestanden – wir haben eben noch weit zu einem vernünftigen und brauchbaren Kleinlexikon – aber von nun an wird's grimmiger Ernst!

* * *

Denn nahezu sie alle betrachten es scheinbar als ihre Aufgabe, ein »Spiel von jedem Druck der Luft« zu sein, und gefällig jeden politischen Witterungswechsel mitzumachen. Oder, fast noch schlimmer, uns unter der Tarnkappe handbuchener Sachlichkeit gleichzeitig mit leichter Hand eine weltanschauliche Fibel unterzuschieben.

Die Nachprüfung dieser Behauptung ist wehmütig einfach : man lege sich nebeneinander auf den Tisch den katholischen Herder; den berüchtigten Volksbrockhaus von 1941; das letzte DDR=Lexikon; und den Knaur : der Vergleich lohnt sich!

Im erwähnten Volksbrockhaus umfaßt der Hymnus Hitler 56 Zeilen – Thälmann existiert überhaupt nicht : in der DDR findet man unter Thälmann 30 Zeilen, und Hitler hat nur 14 : *ich* höre mir beide Sender an!

Wollen Sie wissen, was ein Konzentrationslager ist? : »Im Deutschen Reich seit 1933 polizeilich bewachtes Unterkunftslager für Volksschädlinge aller Art, die hier zu nutzbringender Arbeit angehalten werden.« : Ei ei! (Oder, als nicht unbelehrende Parallele, wenn man in den verschiedenen ›Nachschlagewerken‹ unter »Inquisition« nachsieht).

Wie deutlich wird beim Studium des Stichworts ›Adenauer‹, daß man ein Prinzip daraus machen sollte, lebenden Politikern nicht mehr als 5 Lexikonzeilen knappster Daten zuzugestehen (möglichst weniger), und sich jedes Werturteils zu enthalten; (dafür aber keinen, auch die unangenehmsten Gegner nicht, auszulassen!)

Wie widerlich wirkt es in dem erwähnten Jahrgang des Brockhaus, wenn man unter ›Heine‹ armselige 1¾ Zeilen findet, die lapidar beginnen : »Heinrich, Dichter, Jude.« Dafür aber ein sicherer Dietrich Eckart 8 Zeilen bewilligt erhielt : was'n großer Mann!!

Diese unsere ›Bearbeitung‹ erstreckt sich bis in die feinsten Einzelheiten. Man nehme das unschuldige Wörtlein »Friedrich« : bei Knaur beginnt's mit »deutsche Könige, römisch=deutsche Kaiser«, und geht anderthalb Spalten lang; dann folgt Caspar David, der Maler – im DDR=Lexikon ist die Reihenfolge wohltuend umgekehrt!

Nicht ohne Absicht wurde eingangs die Stadt ›Lauban‹ erwähnt : beim alten Hübner liegt sie noch in »Chur=Sachsen, am Flusse Queis«; im Knaur ist es eine »Kreisstadt in Schlesien«; ich besitze aber, wie schon gesagt, auch das vom ›Verlag Enzyklopädie Leipzig, 1957‹ und in dem steht : »Polnische Kreisstadt in der Woiwodschaft Wrocław, an der Kwisa, östl. von Zgorzelec« (dann folgen noch ein paar statistische Angaben). Erläuternd sei bemerkt, daß ›Wrocław‹ früher ›Breslau‹ hieß, und ›Zgorzelec‹ ›Ost=Görlitz‹ : Städte kommen viel rum!

Es wäre völlig unangemessen, über dergleichen schockierende Formulierung zu lachen oder zu knirschen; es ist vielmehr, und aufs Ernsthafteste, so : der Deutsche, der dieses DDR=Lexikon nicht kennt, ist über die Gegenwart nur unvollkommen unterrichtet! So sehr man Einzelnes beanstanden mag; so unleugbar ist auf manchen Gebieten das Verdienst der beiden Bände.

Zugegeben : die Bebilderung ist dürftig; die astronomischen Artikel schlecht; die politische und weltanschauliche Sicht einseitig. Sehr instruktiv aber ist das uns, den Westdeutschen, hier erstmalig leicht zugänglich werdende Material über den Ostraum; von den statistischen Angaben über Sowjetunion und China angefangen; bis, meinethalben, zu den zwei Farbtafeln »Medaillen und Abzeichen« (die ja vielleicht unsere Verwandten drüben tragen). Sehr verläßlich (dazu ausführlicher und reichlicher als in jedem westlichen Kleinlexikon) die Geburts= und Todesdaten. Äußerst nachdenklich die Artikel über Deutsche Literatur : der ›Knaur‹ – bei aller Unvollkommenheit immer noch unser brauchbarster Band – kennt keinen Johann Gottfried Schnabel oder Karl Philipp Moritz : drüben weiß man sehr klug und richtig diese, im Kontinuum unserer Hochliteratur unerläßlichen, Leute zu würdigen und einzubauen! (Obwohl freilich auch da manches in solcher Sicht wichtige Neue zu ergänzen wäre, Vehse oder C. G. Cramer; *alle* Vorteile weiß man eben drüben auch noch nicht. Wie denn z. B. die Urteile über moderne Kunst und Literatur, nicht nur die deutsche, arg primitiv, lückenhaft, und auch bewußt entstellend sind). Immerhin rate ich Niemandem, zu übersehen – und sei es nur als Zeichen fortschreitender Konsolidierung eines Systems – daß diese Enzyklopädie nunmehr bereits in *zwei* stattlichen Bänden herauskommt; rund *dreimal* soviel Material darbietet, wie Knaur, und dieses beachtliche Material in völlig anderer ›Sicht‹ : das ist das Unschätzbare daran!

* * *

Wenn sich nämlich schon, höchst befremdlicherweise, bei uns einfach kein Verleger findet, der es ›wagt‹ dem Publikum ein verläßliches objektives Kleinlexikon vorzulegen – dann bleibt mir, dem Benutzer, nur dieser Akt der Notwehr übrig : mehrere, möglichst verschiedene zu konsultieren; nur so kann ich zur Zeit die mir servierten einseitigen »Belehrungen« neutralisieren, und einigermaßen nützen.

Das ist kein schönes Verfahren! Ganz abgesehen davon, daß es die drei= und vierfache Zeit kostet, ist es immer mißlich aus Extremen einen Mittelwert herstellen zu wollen : bei 100 Grad Wärme und 100 Grad Kälte kann kein Mensch existieren; und es frommt wenig, daß der Durchschnitt unleugbar Null beträgt. Aber die Schuld liegt ja nicht bei uns; sondern bei den Verlegern, bzw. deren Hintermännern!

Ich will die Welt nicht aus nationalsozialistischer Sicht sehen! Und ebensowenig aus Kommunistischer! Welch homerisches Gelächter würde sich nicht erheben, wenn ich ein Lehrbuch überschriebe ›Hessische Mathematik‹ (im Dritten Reich hat man dergleichen Possen freilich getrieben, ›Deutsche Physik‹, – deren vornehmstes Kennzeichen darin bestand, daß man Einstein wegließ). Was nützt also einem objektiven, lediglich Wissen suchenden, Leser die katholisierende Weltansicht eines ›Herder‹? Allgemein : *was nützt ein Nachschlagewerk, das dem Andersdenkenden peinlich, anstößig, und ergo unbrauchbar ist?!*

In Melbourne spielte man weder »Deutschland über alles« noch »Daß die Sonne schön wie nie«; sondern »Freude, schöner Götterfunken« – allerdings leider nur in Australien, und 4 arme Wochen lang. Und gleich anschließend kehrte jeder wieder zu seiner Leibmelodie zurück; unermüdlich; bis heute.

Und folglich muß ich abends eben immer noch *mehrere* Sender einstellen.

ARMES DEUTSCHLAND!

Patriotische Betrachtungen anläßlich eines nützlichen Buches aus der DDR

1

Deutschland ist arm geworden! –

Denjenigen freilich, der sich nur flüchtig um=sich=um schaut, mag zuweilen der gegenteilige Eindruck überkommen wollen; gehen doch Soviele auf 1.000 Mark Monatslohn zu! (312 davon hat man vorsichtshalber schon einzufrieren vor : aber was mögen da erst ›Die Großen‹ verdienen? – Immerhin bin ich, in *künstlerischer* Hinsicht, längst davon abgekommen, ein ›KRIEG DEN PALÄSTEN!‹ an das Tor von Palästen zu schlagen; dafür wüßte ich weit mehr Hütten). Und ich meine mit ›Armut‹ nicht den Überfluß an Motorisiertheit; davon haben wir natürlich vielzuvielzuvielzuviel. Meine mit nichten Zapfenstreichen & Mannesmut; (da wird ja selbst sogenannten Verbündeten zuweilen schon wieder unheimlich). Und auch mein eigen Fachgebiet der Literatur meine ich lieber nicht – speziell *dies* Aushängeschild vom ›Volk der Dichter & Denker‹ schwankt bei uns wieder an einer *so* dünnen Strippe, daß es vom bloßen Drüber=Reden runterfallen könnte! Nein, ich will, sprech'ich jetzt & hier von ›Armut‹, mal bloß unsre *Nachschlagewerke* gemeint haben.

LEXICA, COMPENDIEN, DICTIONÄRE & ENCYCLOPÄDIEN : zwischen 1815 und 1914 hatten wir in der Beziehung international durchaus einiges vorzuzeigen : und sind heutzutage auf einem Null=Niveau angelangt, das abzustreiten schon die kollektive Selbst=Beredsamkeit einer Klein=Nation, (wie wir es nun einmal notorisch sind), erfordert – wir werden auch in dieser Hinsicht immer mehr zu ›Schweizern‹; dh zu Provinzlern mit Provinzialgeschmack, die sich immerfort=gegenseitig händeschüttelnd zur Kulturblüte gratulieren. Da nun auch unsre einschlägigen Ministerien, und Presse Rundfunk Fernsehen nicht minder, uns journalistig einzulullen belieben, als seien wir eine der renommiertesten Salzsorten der Erde, wären hier einige offene Worte schier mehr denn am Platze – : ich sprech' probeweise ma'n paar aus :

1.) Unsere *Atlanten* sind, verglichen mit dem alten ANDREE STIELER BERGHAUS (oder DROYSEN's ›Geschichtsatlas‹) *schlechter.*

2.) MURET=SANDERS hieß das alte große Englisch=Deutsche Wörterbuch – : unser neuer LANGENSCHEIDT ist *schlechter.* Ist sogar *beträchtlich* unzulänglicher; (ich habe rund 20 Bände aus dem Angelsächsischen ins Deutsche übersetzt und weiß, was ich tu, wenn ich's ausspreche : *ich* lege mir grundsätzlich den *Alten* neben die Schreibmaschine oder die Lektüre!). Denn er enthält *mehr* deutsche Ausdrücke zur Auswahl; mehr ältliche & Dialekt=Worte; hat *Homonyme,* die im neuen *ganz fehlen*; (und die immer wichtiger werden : da sieht man's mit 1 Blick, wieso einem Engländer bei ›vale‹ auch ›vail‹ und ›veil‹ – vielleicht sogar ›whale‹? – mit=einfällt : einfallen *muß : er kann nicht anders!* (Wer je JOYCE gelesen hat, wird wissen, wie ich hier auf praktisch die ganze zukünftige Literatur anspiele.)

3.) Unsere *Konversationslexika* pflegen neuerdings so 4–8–12 Bände zu haben : wo ist die Zeit hin, da ein 50=bändiger MEYER erschien!? Wie sind, verglichen damit, unsre windsigen, warenhausbunten & kurzwarendünnen Erzeugnisse armselig! (Ganz ›beim Wort genommen‹ : wir sind blutarm; und dünken uns selig.)

4.) Auf dem Schreibtisch steht mir zur Zeit, (ich brauch's beruflich grade), ein ›Bibel=Lexikon‹; der alte 5=bändige SCHENKEL, 1869–75; von dem noch 1930 die BRITANNICA neidisch dekretieren mußte, daß er, weil so glänzend=ausführlich & irenisch angelegt, immer noch mehr=als=benützbar sei. : Ja, und heute?

5.) Wie allwichtig wäre nicht eine gute *Polyglotte*; also ein Viel=Sprachen=Wörterbuch. (Zur Erkennung der Lagerung der Worte im Gehirn – dh für die zwanghafte Aneinanderkettelung von Gedankengängen & Bilderfolgen, wie sie uns, sei's wachend sei's träumend, pausenlos necessitieren, ist dergleichen eigentlich unerläßlich. In der modernen Literatur beruht zB die ganze Technik etwa von ›FINNEGANS WAKE‹ eben darauf!). Die beste je bei uns herausgekommene, (und es könnte die weltbeste=überhaupt sein; ich weiß es nicht *ganz* genau), ist das 12=bändige PIERER=Lexikon von 1888ff.; wo 13 (in Worten : *dreizehn!*) Sprachen dergestalt durcheinandergestrickt auftreten. / – : ? . – : Antwort : »etwas Dem Vergleichbares ist zur Zeit leider nicht am Lager«.

2

6.) Hierzu sofort – es gehört mentaliter zusammen – eine Erkundigung nach unsern westdeutschen ›*Reimlexika*‹; (auch dies 1 der ›Dietriche‹ zu den Lagerräumen der Assoziationen im Menschenhirn : ›Bundesdeutschland *fliege!*‹ ..... ›Kriege‹? spottet's eine verbale Hohlkulisse prompt zurück? Worauf sich dem Einen prompt ›siege!‹ einstellen mag. Dem Andern, (anschein'nd n Defaitist, fi donc!) schüttelt sich, hoffnungslos=überstimmt, das Häuptlein beim ›unterliege‹ – na laß'n lauf'n.) In dieser Beziehung können ›WIR‹, als kulturellen Ausweis, aus der Westentasche nur 1 RECLAM=Bändchen ziehen : Kleinoktav, und 20.000 Worte Inhalt.

Besser als nichts? Sicher. Aber jeglicher wohlgeratene Primaner besitzt das Vielfache an Worten. (Und nun gar im Vergleich zu unserm Gesamtwortschatz!). Dabei besaßen wir es doch einmal, was so köstlich ist – (Moment; ich strecke rasch die Linke nach dem genauen Titel aus) – : »ALLGEMEINES DEUTSCHES REIMLEXICON / herausgegeben von PEREGRINUS SYNTAX / in 2 Bänden / FA BROCKHAUS / Leipzig 1826«. Und der Betreffende, (in Wirklichkeit hieß er FERDINAND HEMPEL, †36 in Budapest), hat in jenen, *lexikalisch nie genug zu rühmenden* guten=alten Zeiten tatsächlich das 15=fache erfaßt : »Es ist genug. / Mit drei Mal Hunderttausend / und mehr rück'ich ins Feld!« (Und dergleichen anzulegen ist wahrlich eine entsagungs*f*ollere Arbeit, als man sich vorstellt.) Bei seinen 310.000 handelt es sich nicht nur um deutsche Worte; sondern auch die gängigsten Fremdworte, französische & gräcolatinische, sowie geografische & Personen=

Namen sind bedeutend hineingemixt : enfin, der Wort= & Begriffs=Schatz eines anständig=Gebildeten also! – ich möchte ihm hier doch einmal ausdrücklich den ›Dank der Nation‹ abgestattet haben; (es wird ja auch allmählich Zeit).

Aber, wie bereits geklagt, das *war* einmal. War zu Zeiten, da es eine ganze Anzahl deutscher Staaten gab. Mit deutlicheren Nesselworten : Deutschland war, künstlerisch wie wissenschaftlich, nie am übelsten dran, sobald es mehrere deutschsprachige Staaten gab; und das ist viel weniger lästerlich, als man meint : *wieviel englischsprachige* Staaten gibt es denn? Das ›Britische Imperium‹, wir sind seit 20 Jahren Zeugen davon, ›konsolidiert‹ sich so wenig, daß es sich vielmehr in eine ganze Anzahl sehr aparter Sektoren *auseinanderlegt*; (schweigen wir ganz von den USA). Was wäre ergo daran so Schlimmes, wenn man da auch Deutschlands Situation als die eines bedeutenden Kreuzweges – dh, nehmt nur Alles in Allem, *auch eines Vereinigenden!* – akzeptierte; als Treffpunkt Rendezvous Normaluhr dreier Groß=Völkergruppen, Germanen Romanen Slawen, die ja noch für einige Jahre die Geschicke dieses Erdballs bestimmen werden. (Noch anders formuliert, vielleicht : Europa, das zerklüftete Nordwestkap Asiens, möge sich doch endlich entschließen; und sich auf den Weg machen, für die Welt das zu werden, was ›Hellas‹ für Europa war (und zT noch ist) : die gern & gerührt von Touristen heimgesuchte ›Wiege der Kultur‹.)

Resümee : Freiheit ist was wunderschönes. Opposition *muß* sein. Und ›Konkurrenz‹ schadet *so* wenig, daß dadurch vielmehr grundsätzlich ein höheres Leistungsniveau herangezüchtet wird.

3

Ganz im Zuge des vorangeschickten (imgrunde ehrlich wehmütigen) Geplausches, ist soeben vom VEB Bibliografischen Institut, Leipzig, ein Band vorgelegt worden, der immerhin 1 schönen Schritt zurück (*also aufwärts!*) bedeutet; das

›Rückläufige Wörterbuch der Deutschen Gegenwartssprache‹ (Gr. 8°; 30.– Mark); der 140.000 Worte umfaßt; ergo gut 7 Mal soviel, wie die vergleichbar=beste westdeutsche Leistung, *es ist eine Schande!* (›Schande‹ allein deswegen, weil die DDR kleiner & weniger=üppig ist – ›zurückgebliebener‹ sowieso; das steht ja in jedem ›Nachrichtenmittel‹; das ist gedruckt & bewiesen – während *Wir* in Milliarden förmlich *wühlen & prassen*! Mit dem Ergebnis eines ›la culture est en m'Arsch!‹).

Da nun *mir* ›*Mein* Deutschland‹ nicht direkt identisch ist mit ›Der Bundesrepublik‹ – denn da gibt es ja noch Österreich; oder die Schweiz; und Luxemburg spricht auch ein, obschon etwas merkwürdiges Deutsch; und eine gewisse DDR existiert, Mancher merkt das zuweilen, ebenfalls; (und mir=persönlich heißt ›Deutschland‹ das von 1750–1850; ist also weniger im Raume gelegen, als vielmehr in der Zeit!) – deswegen gestatte man mir, heut auch einmal eine ostdeutsche Veröffentlichung halb zu rühmen.

Denn auszusetzen wäre natürlich so mancherlei. : Der immer noch viel zu geringe Umfang. Die allzu=einseitige Ausrichtung auf Technik plus Handwerk; (für literarische Belange ist das Buch nur bedingt brauchbar). Aber selbst, wenn es bloß *den* Erfolg haben sollte, daß nunmehr auch ›Der Westen‹ sich aufgerufen fühlte, in dieser Beziehung nicht dahinten zu bleiben : satis est. / (Daß der eigentliche ›Sinn‹, wie das Vorwort meint, das Eintippen von Wort=Schätzchen in Übersetzungsmaschinen sei, ist ein voreilend=technoider Irrtum; ich bin selbst 1 Mal Zeuge davon gewesen, wie solch ›Elektronengehirn‹ es automatisch ausspie à la ›hier essen sich heiße kartoffel puffs‹ – : also ich mache mich jederzeit anheischig zum öffentlichen Wettbewerb, diverse Gedichte EDGAR POE's zu übertragen – : Na? Wolln Wa!?. (Vermutlich wär'ich aber, vom bloßen ›besser‹ mal abgesehen, sogar um vieles thöricht=billijer; also lieber nich.)).

Wozu ein solches Nachschlagewerk nötig sei? / Sehen wir ab von Lyrikern, (die ich sowieso nicht mag); aber beim Übertragen englischer Gedichte hat mir SYNTAX doch recht genützt. : Oder wie oft ist es mir nicht geschehen, daß ich beim Entziffern von FOUQUÉ=Manuskripten Seiten begegnet bin, die durchgerissen oder sonstwie beschädigt waren; und die also ganze Serien von Wort=Enden darboten : *dafür* wär' ein solches Buch unschätzbar! (Wär'es mehr auf Literatur ausgerichtet. – Das möchte ich übrigens als Gesellschaftsspiel, oder auch als privaten Intelligenz=Test, ganz unter=sich im stillsten Kämmerlein, empfohlen haben : lassen Sie sich doch einmal, von irgendei'm Bekanntn, eine der Länge nach mitten=durchgeschnittene, Ihnen fremde, Buchseite aushändigen; und versuchen Sie, die fehlende Hälfte zu ergänzen. Das ist nicht nur zur Erkennung (bzw Bestätigung) der eigenen kombinatorischen & analytischen Fähigkeiten gut; sondern kommt auch ›praktisch‹ andauernd vor, ob ›Schriftrollen vom Todten Meer‹, ob ägyptische Papyros=Sarkophagen.) Dechiffreure von ›Geheimschriften‹ brauchen's nicht minder als Kreuzworträtsellöser, die des betr*ä*ffenden Wort=Schwänzchens habhaft geworden sind. Oder, ganz banal=wichtig : wenn Sie, in einem Privatbrief, (und die Geliebte, im follsten=feurigsten Ergießen, schreibt ja verzeihlicherweise n büschen undeutlich!), nur den *Anfang* eines unschätzbaren Wortes entziffern können? : dann hilft ein normales Wörterbuch. Ist jedoch, und es könnte dies leicht eintreten, nur das ›hintere Ende‹ klar lesbar – ? :

: nun, dann möchte ich diesen MATHER hier empfohlen haben. –

4

Hic Leipzig? – : *hic salta!*

JULIANISCHE TAGE

»Wir Deutschen feiern gern, vielleicht mehr als irgend ein anderes Volk, gewisse Tage, die eine Zeitmaß=Beziehung haben auf uns teure Personen oder Begebenheiten, wie Geburtstage, Jubiläen und dergleichen. Der Meßkünstler, in dessen Augen Verschwommenheit und Willkürlichkeit im Gegensatz zu Schärfe und Festigkeit immer etwas abstoßendes haben, findet einen kleinen Übelstand darin, daß der Grund, warum eben dieser Tag und nicht ein anderer zur Begehung der Feier bestimmt wird, mehr oder weniger von Willkürlichkeiten abhängt : von der Einrichtung unseres Kalenders, der Verteilung der Schaltjahre, von dem Bestehen des Dezimalsystems ...« (GAUSS an ALEXANDER v. HUMBOLDT; 7.12.1853).

1

Ah, meine ›Julianischen Tage‹; wenn ich eurer so gedenke .....

Und der liebenswürdigen, schwärmerischen Leserin fällt es vielleicht gleich wie ›Italien‹ ein, so ›Via Julia‹ oder ›Emilia‹; »Das weiße Meer ist eingeschlafen, und purpurn steht 1 Segel drauf«; nichts wie ›Duineser Elegien‹ und ›Venezianische Epigramme‹? – Nee, nee.

Meistens kommen sie mir ein, wenn ich in den Rasierspiegel zu spähen habe, (beziehungsweise dann anschließend die Borsten aus dem ›Braun‹ puste : aschgraues Gestäube.) Oder einen neuen Zaunpfahl tragen soll, 2 Meter 60 lang, Durchmesser die entsprechenden 6 Zoll=und=drüber – das wäre mir früher auch beträchtlich leichter gefallen; o gravitas gravitatum! Oder eben, präziser : Oh, meine Julianischen Tage! (17.350 sind es heute, am 20. Juli 1961, da ich dieses tippe.)

Denn also fährt der große GAUSS in seinem, oben als Motto zitierten, ehrerbietigen Briefe an den damaligen Nestor der naturwissenschaftlichen Forschung fort : »Ich kann nicht unterlassen, übermorgen, den 9. Dezember, in tiefer Rührung einen Tag zu feiern, dessen ergreifende Bedeutung von keiner solchen Willkür berührt wird; es ist dies der Tag, wo Sie, mein hochverehrter Freund, in ein Gebiet übergehen, in welches noch keiner der Koryphäen der exakten Wissenschaften eingedrungen ist : der Tag, wo Sie dasselbe Alter erreichen, in welchem NEWTON seine, durch 30.766 Tage gemessene, irdische Laufbahn geschlossen hat.«

Gauß nämlich – den als Eideshelfer anführen zu können schon immer etwas wert ist; es gibt schlechtere, und sie leben mitten unter uns! – führte, unter vielen anderen Registern, auch ein Heftchen, das *die Lebensdauer berühmter Männer in Tage umgerechnet* enthielt. Und ist es nicht auch eine erste nachdenkliche Verfeinerung, wenn ich von HERDER sagen kann : 21.663 Tage hielt die Körpermaschine aus; dann .....?

2

Natürlich sind diese ›Julianischen Tage‹ längst ›ein Begriff‹.

In astronomischen Rechnungen ist nichts häufiger, als ›Perioden‹ aller Art : Mondumläufe und die von Planeten; Lichtwechsel bei veränderlichen Sternen; Anomalien bei kurzperiodischen Kometen; und das beliebte undsoweiter undsoweiter. Gibt es doch z.B. für die Chronologie nichts verläßlicheres, also wichtigeres, als ganze Geschichtsepochen an den Bericht über eine antike ›Finsternis‹ anhängen zu können; wo dann sogar die *Stunde* festliegt, und einem gleich hunderte von nun=gesicherten Daten wie reife Früchtchen in den schönen Schoß fallen. Und da hat man sich eben schon vor Jahrhunderten (Scaliger; 1629), aus Gründen, die jetzt & hier zu weit führten, darauf geeinigt, als ›Tag 1‹ den

1. Januar 4713 vor Christi Geburt

anzusetzen; von ihm ausgehend, hat nun also jeglicher Erdentag seine feststehende ›Nummer‹; ob Mohammeds Todestag (8.6.632 = 1952055), ob Lessings Geburtstag (22.1.1729 = 2352586), ob irgendein Datum der kommenden Ungeborenen.

Von einer ganz einfachen Kurz=Formel zur Umrechnung kann

allerdings nicht die Rede sein; zuviel ist hier, im Lauf jener rund 67 Jahrhunderte, dazwischen gekommen. Kniffliche Fragen wie, ob man vom Jahre ›1 vor Christi‹ nun gleich auf ›1 nach‹ übergehen, oder aber, logischerweise, erst noch ein ›Jahr Null‹ einzuschalten habe; dann die Kalenderreformen, zumal von julianisch auf gregorianisch; dann die ›Schaltjahre‹, bei denen man ja auch aufpassen muß – am flinksten geht es mit zwei kleinen Tabellen, wie etwa den folgenden :

TABELLE 1

	1700	1800	1900
	23	23	24
0	41 971	78 495	15 019
4	43 432	79 956	16 480
8	44 893	81 417	17 941
12	46 354	82 878	19 402
16	47 815	84 339	20 863
20	49 276	85 800	22 324
24	50 737	87 261	23 785
28	52 198	88 722	25 246
32	53 659	90 183	26 707
36	55 120	91 644	28 168
40	56 581	93 105	29 629
44	58 042	94 566	31 090
48	59 503	96 027	32 551
52	60 964	97 488	34 012
56	62 425	98 949	35 473
60	63 886	00 410	36 934
64	65 347	01 871	38 395
68	66 808	03 332	39 856
72	68 269	04 793	41 317
76	69 730	06 254	42 778
80	71 191	07 715	44 239
84	72 652	09 176	45 700
88	74 113	10 637	47 161
92	75 574	12 098	48 622
96	77 035	13 559	50 083
100	78 495	15 019	51 544

TABELLE 2

		Jahre			
		0	1	2	3
Jan.	0	0*	366	731	1096
Feb.	0	31*	397	762	1127
Mär.	0	60	425	790	1155
Apr.	0	91	456	821	1186
Mai.	0	121	486	851	1216
Jun.	0	152	517	882	1247
Jul.	0	182	547	912	1277
Aug.	0	213	578	943	1308
Sep.	0	244	609	974	1339
Okt.	0	274	639	1004	1369
Nov.	0	305	670	1035	1400
Dez.	0	335	700	1065	1430

(* in den Jahren 1700, 1800 und 1900 um 1 zu vergrößern!)

Mit Hilfe dieser beiden Tabellen kann man zwischen 1700 und 2000 jeden beliebigen Julianischen Tag bestimmen; ein Beispiel: der 18. Januar 1914 entspricht der Nummer 2 420 151; nämlich:

1912 ist laut Tabelle =	24 19 402
Jan. aus Jahresspalte ›2‹ =	731
Monatsdatum =	18
Summe:	24 20 151

Die Hilfsmittel, um alle Jahrhunderte zu erfassen, finden sich leider nur an ziemlich entlegenen Stellen (kein Konversationslexikon enthält sie); in C. Wirtz ›Tafeln und Formeln‹ findet man S. 172–173 die Werte vom Jahre 0 an; wer noch weiter gehen will, sei auf die ältlichen ›Syzygientafeln‹ Oppolzers verwiesen, vermittelst deren man von 4713 v. Chr. bis 3000 n. Chr. jegliche Tagesnummer leicht bestimmen kann.

3

›Cui bono‹ wird Mancher fragen; trotz Motto, Gauß und Humboldt.

Je nun; es gibt z. B. kein leichteres Mittel, um etwa den *Wochentag* irgendeines Ereignisses zu ermitteln. Die vorhin erhaltene 2 420 151 ergibt, durch 7 geteilt, den Rest 6, der dem Sonntag entspricht, (0 = Montag; 1 = Dienstag; usw.).

Selbstverständlich finden Sie in Ihrem Abreißkalender alle Vollmonde des laufenden Jahres; aber gesetzt den Fall, Sie müßten im Dezember 63 geschäftlich nach Kairo reisen, und wollten begreiflicherweise, wenn irgend möglich, die Pyramiden bei Mondschein ›mitnehmen‹? Dann geht man von (irgendeinem; es gibt ihrer ja so viele) Vollmondsdatum aus, sagen wir 2 437 538,2 (wobei das ›Komma 2‹ eine Tagesdezimale ist; also rund 5 Stunden entspricht); die hier zuständige ›synodische Umlaufszeit‹ von Vollmond zu Vollmond beträgt 29,53059 Tage; durch simple Addierung von 29 solchen Perioden (= 856,4 Tage) findet man, daß der 30. Dezember 1963 eine Vollmondsnacht ergeben wird; (also auch der 1.; übrigens können Unsicherheiten von plus=minus 6 Stunden auftreten, aber das ist für uns glückliche Laien ja völlig belanglos – bestellen Sie getrost für den 29. einen Platz bei der British European Airways.)

Sie könnten sich jetzt auch etwa den folgenden Spaß machen. – : »Das war eine Nacht!« heißt es im GOETHE'schen ›Werther‹ von der vom 9. September 1771. Eine halbe Stunde nach Sonnenuntergang erhebt sich da der Mond hinter dem buschigen Hügel; und beleuchtet dann gefällig die anschließende Abschiedsszene. Da macht man sich ausdrücklich aufmerksam »auf die schöne Wirkung des Mondenlichtes, das am Ende der Buchenwände die ganze Terrasse vor uns erleuchtete«; wandelt leidenschaftlich auf & ab; und »sie gingen die Allee hinaus; ich stand, sah ihnen nach im Mondenscheine, und warf mich an die Erde und weinte mich aus!«; wie es, in prachtvoll ausgewogenem Prosarhythmus gegen Ende der Stelle heißt. – Moment mal!!!

Nehmen wir irgendein Neumond=Datum; meinethalben 2 433 890,7; und verwandeln wir jenen 9.9.1771, abends rund 19 Uhr, in ›Julianische Tage‹; das ergibt 2 368 156,8 – und vielleicht legt doch Der oder Jener erschüttert die Querhand vor die Stirn : erst lumpige 65.000 Tage sind seitdem vergangen? (Wo wir doch ›Rüstungshaushalte‹ von 90 Milliarden gewöhnt sind!). Aber ziehen wir 2226 der schon genannten synodischen Umläufe von unserm Fixdatum ab; und es stellt sich heraus, daß, leider, »in Wirklichkeit«, an jenem Werther=Abend wenige Stunden zuvor *Neumond,* die haarfein=unsichtbare Sichel bei Sonnenuntergang also mit verschwunden war; und ergo auf keinen Fall das, zu einer kompletten Sturm & Drang Trennung anscheinend unerläßliche, Licht hätte spenden können. ›Finster wars, der Mond schien helle‹ : das wollen nun Klassiker sein!

Auf der andern Seite die bedeutende Stelle bei Edward GIBBON, dem Historiker des Byzantinischen Reiches, als er, nach Vollendung der letzten Zeile seines Riesenwerkes, die Feder ausspritzte : »Es war am Tage, oder richtiger am Spätabend des 27. Juni

1787, zwischen 23 und 24 Uhr, als ich die letzten Zeilen der letzten Seite niederschrieb, und zwar in einem Sommerhause meines Lausanner Gartens. Nachdem ich den Federhalter zur Seite gelegt hatte, schritt ich ein paarmal in einem berceau, einem gewölbten Akaziengange, von dem aus ich das weite Land, den See und die Berge überblicken konnte, auf und nieder. Die Luft war mild, der Himmel heiter, die Silberscheibe des Mondes spiegelte sich aus den Wassern wider, und die ganze Natur schwieg. Zweierlei Gedanken befielen mich nacheinander; einmal der, daß ich nun endlich meine Freiheit wieder erlangt; der nächste, daß ein alter und doch nicht unangenehmer Gefährte auf immer von mir Abschied genommen.«

Wir wollen nicht auf, und seien es noch so bedeutende ›Gefühle‹ eingehen; die stören beim Rechnen nur; uns interessiere hier lediglich einmal der Mond. Laut Tabellen hatte jener Tag die Nummer 2 373 926,9 (die hohe Dezimale, da es nahe an Mitternacht war); von irgend einem Einheits=Vollmond ausgehend (z. B. 2 438 394,5) erhält man das Ergebnis, daß es damals tatsächlich 2 Tage vor dem Vollmond gewesen ist – Gibbon war ein verläßlicher Mann.

Es gibt noch weit beunruhigendere Betrachtungen hier! Setzen wir, daß man vom 5000. Tage an leidlich mit Verstand zu lesen fähig sei; dann hätte man, bei einem green old age von 20 000, demnach rund 15 000 Lesetage zur Verfügung. Nun kommt es natürlich ebenso auf das betreffende Buch, wie auch auf die literarische Aufnahmefähigkeit an. Das Kind schlingt seinen dicklichen MAY=Band in 2 Tagen hinunter (und die schönsten Stellen werden sogar mehrmals genossen); der Mann, tagsüber im Büro, oder hinter Pflug & Schraubstock, druckst, selbst bei bestem Willen, 3 Wochen lang über'm ›WITIKO‹, den ihm ein sinniger Kollege empfahl. Sagen wir, durchschnittlich alle 5 Tage 1 neues Buch – dann ergibt sich der erschreckende Umstand, daß man im Laufe des Lebens nur 3000 Bücher zu lesen vermag! Und selbst wenn man nur 3 Tage für eines benötigte, wären's immer erst arme 5000. Da sollte es doch wahrlich, bei Erwägung der Tatsache, daß es bereits zwischen 10 und 20 Millionen verschiedener Bücher auf unserem Erdrund gibt, sorgfältig auswählen heißen. Ich möchte es noch heilsam=schroffer formulieren :

Sie haben einfach keine Zeit, Kitsch oder auch nur Durchschnittliches zu lesen :

Sie schaffen in Ihrem Leben nicht einmal sämtliche Bände der Hochliteratur!

Jaja, die ›Julianischen Tage‹ : wieviel Sonnen haben Sie schon aufgehen sehen? Wieviel Vollmonde unter? Wieviel Tage trennen uns=heute von GOETHE's Tod? Wieviel von Christi Geburt : 1 Milliarde Morgenröten; oder nur 700 000?

»Des Menschen Leben währet 70 Jahre«? – sagen wir : 25 000 Julianische Tage.

UND ES BLITZTEN DIE STERNE ...

(Über eines der Hülfsmittel des Schriftstellers)

1

»... married to writing ...« (THOMAS AMORY)

Die starke schwarze Morgenluft, in der unten ein Endchen Mond flakkert (mit zwei ›k‹; da gebärdet's Schriftbild sich wimpelchenmäßiger, und deckt ergo den flirrenden Tatbestand etwas besser). Sehr fernes Glockenläuten (also Südwind; ›nahes‹ ist unangenehm, dazu gehört schon ein ziemlich rindsledernes Trommelfell). Ein roter Querstrich auf weißem Grund – ? – (das ist dann, im Fernröhrchen, ein Reh in blühenden Kartoffeln).

Bauern & Bäuerinnen, gebäucht über landwirtschaftliche Geräte verschiedener Art, rüsten sich, zum Melken zu fahren; denn es ist kurz nach 5 – da bin ich das erstemal schon müde. Ich gehöre leider nicht zu jenen beneidenswert ›Faustischen Naturen‹, deren Hauptwesenszug nach St. Joyce in einer »general disinclination to work of any kind« besteht; halte vielmehr einiges von der hübschen=alten puritanischen Maxime des

: ›1 TAGEWERK NOCH VORM FRÜHSTÜCK!‹;

(und daß man ›im Osten‹ Orden für Fleiß & Arbeit verleiht, dafür wäre Carlyle auch gewesen).

Hier sitz' ich also, ein alternder Autor, mein Bündelchen Bleistifte in der Hand, morphe ländliche Poly=Camellen nach meinem Geiste; an den Wänden, in hölzernen Regalen, der Aufmerksamkeit meiner Zeitgenossen entschwundene Bücher; und kann, bevor ich das nächste größere Pensum angehe, zwischendurch ein wenig auf der Zunge fantasieren, ›Über die Hülfsmittel des Schreibenden‹.

Und ich meine jetzt nicht Schiller's faulende Äpfel, und nicht Grabbe's sorgsam auf dem Tisch zurechtgestellte 4 Wassergläßser blanken Rum's, (vom ›Gehirntier‹ orakle ich nachher noch ein bißchen). Meine nicht die den Wortvorrat auffüllenden oder auslüftenden Vokabel=Schatzhäuser des Adelung, oder Klett's sehr brauchbares Synonymenlexikon. Und will auch gar nicht sehr Fehlendes beseufzen, als da wäre ein gutes=großes Reimlexikon (aber nun wirklich 1.000 doppelspaltige Seiten!) unschätzbar dem Übersetzer, oder dem Entzifferer von nur am hinteren Ende noch lesbaren Worten; oder ein deutsches Äquivalent des ›Oxford Companion to English Literature‹ – nein; von all dem (vielleicht) ein andermal. Heut will ich lediglich 1 Bändchen erst liebevoll in der Hand wiegen=wägen, dann präsentieren :

den ›AHNERT‹. –

2

»Last night of all, / when yon same star, that's westward from the pole, / had made his course to illume that part of heaven, / the bell than beating one ...« (HAMLET)

›Beispiele aus dem täglichen Leben‹ heißt es, hätten immer so was Überzeugendes? – nu wunderbar!; da brauch' ich bloß links neben mich zu greifen.

›Das Dubliner Tagebuch des STANISLAUS JOYCE‹, (das ich gerade für Suhrkamp übersetze), hat als Herausgeber einen Prof. Healy, von der Cornell=Universität in, ausgerechnet, ›Ithaca‹ – ein Europäer muß ja bei sowas immer zuerst mal kichern. Der stellt einleitend, bezüglich der kurios durcheinandergehenden Daten der einzelnen Eintragungen, nach verantwortungsvoller Erwägung mehrerer Möglichkeiten, die Hypothese auf : daß es sich dabei nicht um den Tag der Niederschrift, sondern um den des Ereignisses selbst handeln müsse.

Da bin ich nun eben auf den Ss. 58ff., wo der erstaunliche Neunzehnjährige anläßlich eines Abendganges durch Dublin beschreibt, wie er dicht über Parkbäumen den »bright horned moon« erblickte; und wenige Zeilen weiter suggeriert es ihm einen »garden to the crescent moon«. Das Datum – nach dem Herausgeber ergo ›Der Tag des Ereignisses‹! – soll der »26. Juli 1904« sein; nur schade, daß ausgerechnet in der Nacht vom 26. zum 27. Juli 1904 *der Vollmond die Stunde regierte!* Prof. Healy's Theorie ist also, zumindest in diesem 1 Fall, schwerlich haltbar. Aus den näheren Umständen – »Stephen's Green« von »the top of Grafton Street« aus gesehen – ergibt sich, daß es, wenn schon überhaupt ein Julitag, dann der 17. gewesen sein muß. Woher ich das weiß? : aus dem AHNERT! (Da ich, wenn finanziell irgend zu verantworten, kein Scharlatan bin, gebe ich, hinter der Hohlhand, zu : *ich* hab' den OPPOLZER benützt. Aber der ist seit 70 Jahren nicht mehr im Handel, und AHNERT leistet genau dasselbe.)

1 einziger Einzelfall? Ach, Du lieber Setebos! – Seien aus der Fülle dessen, was nur=mir schon zustieß, flink noch ein paar Exempel herausgegriffen. Ich habe u.a. auch eine Biografie des Romantikers Fouqué verfaßt; und konnte dessen ›Böhmenreise‹, im Juli=August 1822, nur deswegen von Tag zu Tag genau datieren, weil Der einmal angab, wie er zu 1 bestimmten Stunde, an 1 bestimmten Stelle in Teplitz einfuhr, während eben der Mond, in 1 ganz bestimmten Gestalt, dort über den östlichen Höhen emporschwebte – es hat sich das bißchen Rechnung gelohnt : rund 50 Tage seines Lebens lagen, zeitlich & räumlich geordnet wie auf einem Meßtischblatt, plötzlich vor mir!

Karl May (über den ich eben eine umfangreiche Studie bei Stahlberg erscheinen ließ) hatte die verständliche aber äußerst unangenehme Angewohnheit, seine frühesten Beiträge in selbstredigierten, allerobskursten, seit 90 Jahren ausgestorbenen Zeitschriftchen unterzubringen, die zu benützen ich leider verdammt war, weil es bei ihm, aus ganz bestimmten Gründen, auf die Genesis und die mikroskopische Anatomie der unfrisierten Erst=Texte ankommt. Und da war nun die eine, nur in fragmentarischen Nummern auf mich gekommene Wochenschrift zeitlich platterdings nicht zu fixieren. Mir war in dieser Beziehung schon mancherlei zugestoßen; einen Jahrgang des ›Vaterhaus‹ habe ich nur datieren können, weil in einer Nummer für die ›192. Sächsische Landeslotterie‹ geworben wurde; und selbst Einzelnummern der diversen ›Gartenlauben‹ geben gern Rätsel auf; aber hätte hier, in dem erwähnten schwierigsten Fall, sich nicht eine der beliebten volkstümlichen Betrachtungen à la ›Der Sternenhimmel im Januar‹ gefunden, ich wäre heute noch unsicher – ein Zustand, den ich ganz besonders schätze. So allerdings war's Kinderspiel; denn Wer half mir aus der Not? – ›?‹ – : Ganz recht.

3

»I don't mind lying, but I hate inaccuracy!« (S. BUTLER)

»Sehen Sie doch bitte einmal nach« schreibt am 12.10.1843 der sehr große Gauß an seinen Freund Schumacher in Altona, »ob Sir Walter Scott in der Ihnen gewiß leicht zugänglichen Originalausgabe auch immer den Mond in Nordwesten aufgehen läßt?, ›the full moon, rising in the north=west‹. Ich habe nur den Chemnitzer Nachdruck, in dem er dies Phänomen zweimal vorführt; im ›Herz von Midlothian‹, Kap. 15, und in der ›Änne von Geierstein‹, Kap. 8«. Da der Mond nur im Ost=Sektor aufgehen kann, handelt es sich hierbei nämlich um eine schlichte Unmöglichkeit; (›engagierte‹ östliche Kollegen dürfen sofort, ex=oriente=lux=mäßig erfreut, den Kopf heben; westliche Literasten in ihre Reportagen Wendungen verweben wie ›traurig schlich die unvollkomm'ne Scheibe des späten Monds mit feuchter Glut über der DDR herauf‹).

Eines der bekanntesten englischen Deklamatorenstücke, Wolfe's ›Burial of Sir John Moore at Coruña‹, schildert es ergreifend, wie Jener am 17.1.1809 vor Tagesanbruch auf dem Glacis der Festung begraben wurde; und der umflorten dumpf=tumben Trommeln & vorschriftsmäßig gedrückten Untergebenenstimmung ist kein Ende : »We buried him at the dead of night« – von mir aus genehmigt; aber auch »by the struggling moon=beams misty light«? Also *das* nun eben nicht! Denn bereits 48 Stunden zuvor war Neumond gewesen; der ging am 17. erst *nach* der Sonne auf; und war überhaupt, vor lauter Magerkeit, noch gänzlich unsichtbar. Nichts gegen Nachtübungen am Busento; aber das hier ist heroischer Kientopp.

Natürlich sind Frau Luna's Foppereien nicht etwa auf den angelsächsischen Sprachraum beschränkt.

In Gottfried Kellers prachtvoll=realistischem »Landvogt von Greifensee« reitet der Held am Abend des 13. Juli 1783, langsam über Dietlikon nach Hause. »Zur Rechten begann die Abendröte über den Waldrücken zu verglühen, und zur Linken stieg der abnehmende Mond hinter den Gebirgszügen des zürcherischen Oberlandes herauf«, und nun lauscht der Herr Salomon Landolt wie üblich dem »stillen Walten der Natur«. Der Haken ist dabei lediglich, daß der Mond erst zwei Tage später voll wurde; am 13. also noch frisch zunahm; und, – sagen Sie selbst – : hätte der Landvogt auch so nicht »ganz Auge werden« können? Hätte der Stimmungsgehalt der Szene darunter gelitten?

Leopold Schefer, bekanntlich einer meiner Lieblinge, kriegt das leider auch fertig, in seinem Gedicht ›Nordlicht‹ zu schwelgen :

»Denn feurig geht der Vollmond gar nun auf,
bang ächzend schwirrt die Eule wieder um,
die alte Weide leuchtet wie ein Geist,
und nach der Sterne Stand ist's Mitternacht.«

Sorry! : das, was um Mitternacht aufgeht, kann nur ein abnehmender Halbmond sein. (Und man komme mir, bitte, nicht mit ›Stimmung‹ und ähnlich feinsinnigen Ausreden; da frage ich nur zurück : hätte er nicht auch sagen können, »denn feurig geht der *Halb*mond gar nun auf«?).

4

»Phantom cities phaked by philim pholk« (FINNEGANS WAKE)

›Alles bisher negativ, und bestenfalls literaturhistorisch brauchbar‹? – Moment; ich bin noch nicht ganz zu Ende.

Wäre nicht auch ein Schriftsteller denkbar, der, ehe er zu einem umfangreich=gewichtigen Buche ansetzt, sich gern mit ›Ordnung‹ schon aus dem Grunde umgibt, weil er der (vielleicht ja sogar richtigen) Meinung ist, daß auch Landschaften und Beleuchtungen genau so echt sein sollten, wie Gestalten & Vorgänge? Brockes, der bedeutende, oder Cooper (in dessen Nachfolge dann Stifter) pflegten sich, ehe sie die Beschreibung einer Lokalität wagten, den betreffenden Ort nicht nur mehrmals & eingehend anzusehen; nein, sie bestimmten auch die dort gedeihenden Pflanzenarten, und sahen möglichst Kalender & Wetterberichte jener Tage ein, in die sie ihre Handlung zu verlegen vorhatten – alles zeitraubende Vorstudien; die sich Der, der mit ›erdachten Landschaften‹ arbeitet, freilich spart. Ich bekenne mich allerdings zur ›Methode Brockes‹; ich gestehe gern, daß es mir peinlich wäre, wenn ich eine hübsche=dicke hitzige Puppe beschrieben hätte, im Heu, die mondige Seite nach oben gekehrt – tja und dann käme irgendein neidischer Kritiker, und wiese mir nach, daß zu der betreffenden Viertelstunde damals der Mond überhaupt nicht geschienen habe.

Wie aber, wenn man unseligerweise auf den Einfall gerät, sein Gedankenspiel in eine Zeit zu verlegen, wo es noch keine Abreißkalender gab? Wo der Pfahlbauer am 21.8.3937 v.Chr. popelnd auf dem Bootssteg sitzt, und auf seine künftige Pfahlbäuerin lauert? So stach mich einmal der Teufel, eine meiner Lieblingsepochen, den Spätherbst des Jahres 541 n.Chr. bukolisch abzuschildern: wieso wußte ich, wie damals die Planeten standen; wie & wo der Mond sich erhob; und wann also Agraule, in den labyrinthigen Lagunen des Schwarzmeers, im grau=leuchtenden Kahn, angefahren kommen konnte, die schönste Sünde, die Selene je sah? Die Antwort lautet, jeder Leser wird es nunmehr selbst wissen: im AHNERT.

Oder wenn man einen ›Zukunftsroman‹ zu verbrechen gedenkt – auch so ein beliebtes Ausweichen in (angeblich) Unkontrollierbares; mit andern Worten, meist ein Alibi zitternd schwatzender Feiglinge – dann sei es den Herren hiermit endlich einmal gesagt:

wenn von der Zukunft meinethalben noch Alles offen sein sollte, *die Mondaufgänge sind es nicht, Messieurs!* Mir blieb, bei meiner ›Gelehrtenrepublik‹, auch nur übrig, den Perihelgängen meiner Helden, ob Zentauren ob Never=Never's, u. a. als rechnender Liebhaber=Astronom zu folgen; (die Unterlagen davon liegen in meinen Mappen; ich zögere jedoch immer noch, dem Publikum die kostbare Freizeit damit zu stehlen – freilich, wenn die sich doch bloß vorm Fernsehapparat ›verliegen‹ ...). Ich habe nichts dagegen, wenn man mich einen ›präsenilen Postselenen‹ schilt – elegante Tadel weiß ich durchaus zu würdigen; ich erlaube mir dafür, den betreffenden ›piping poet‹ als ›geboren 70=71 in Retrograd‹ zu bezeichnen : sind wa kwitt, bong – aber wäre nicht noch ein anderer Standpunkt zu beziehen?

Ich hüte mich zwar prinzipiell davor, meine Träumungen, ja meine Ansichten mit dem Wort ›Wahrheit‹ zu beschweren; aber mir däucht doch zuweilen, als wären Wir=Häutigen Zeugen davon, wie sich auf Basis des homo erectus eine neue biologische Spezies bilden zu wollen scheint : der ›Genius‹; bzw, was ich vorziehen würde, ›Das Gehirntier‹, at whose name all knees shall knock together. Man hat zuweilen den Eindruck, wie wenn es in einer (erfreulichen?) Vervielfältigung begriffen wäre, seit etwa 1789; infolgewessen es eigentlich allwichtig würde, die Verhaltensweisen früherer Gehirntiere bis ins millimetrig=einzelnste zu studieren; möchten sich doch möglicherweise daraus brauchbare Maximen für uns ergeben können, zur Regelung und Nutzbarmachung der mächtig zunehmen wollenden Gehirntätigkeiten. Das bisher meist übliche, äußerst gefährliche Leben des Genius, auf einer Wippe zwischen Betäubung und Erleuchtung, dürfte sich, millionenfach praktiziert, verhängnisvoll auswirken : Schädel wie Speicher brennender Wortvorräte allein, tun es nicht; Diät vielmehr, Ordnung, ja ich wage das (leider militärisch vorbelastete) Wort, eine möglichst weitgehende Disziplinierung, scheint zum Überleben unerläßlich. Eine Disziplinierung, wie sie z. B. sorgenfaltigstes Übersetzen aus fremden Sprachen ergibt; oder Urkundenstudium im Großen; oder eben auch eine ›mathematische Genauigkeit‹ bei der Beobachtung & Materialeinsammlung. –

* * *

Neugebauer und Schoch sind vergriffen – so viele Namen, so viele ›unbekannte Größen‹ fürcht' ich – und Oppolzer hat Prachtwerke in 4° darüber herausgegeben, die kein normaler Privatmann mehr bezahlen kann, geschweige denn zu gebrauchen versteht. Ich aber empfehle uns arm=Exakten zur Anschaffung den bescheid'nen und leicht zu benützenden 8°=Band des

PAUL AHNERT, ›Astronomisch=chronologische Tafeln‹
Leipzig, 1961;

zu beziehen durch das ›Zentral=Antiquariat der DDR‹, Leipzig C1, Talstraße 29; Preis 10,20 Westmark.

›SIND WIR NOCH EIN VOLK DER DICHTER & DENKER?‹

1

»Es hat Einigen beliebt, mich als *deutschen* Künstler hinzustellen: ich protestiere feierlichst gegen diese Lüge! Was ich geworden, habe ich zunächst den modernen Franzosen von 48, dem alten & dem jungen Italien, und dann mir selbst zu verdanken – den Deutschen bleibt das Verdienst, mich zeitlebens angefeindet, und immer schlecht bezahlt zu haben« – das hat Anselm Feuerbach gesagt; auch ein großer Mann. Denn es dürfte ja schwer fallen, in so gedrängter Kürze jemals wieder so viel Ungenügendes & Verkehrtes anzutreffen, wie in dem Wort vom ›Volk der Dichter & Denker‹; Größenwahn, brusthoch, kommt angekrochen, Pfote in Pfote mit der Unwissenheit: wäre es z. B. doch sehr möglich, daß die *englische* Literatur, als Ganzes wie im Einzelnen, *mehr* Gewicht haben könnte, als die deutsche; ein Punkt, der so ausgemacht noch nicht ist, als daß er nicht noch einige Untersuchungen vertrüge. Imgrunde handelt es sich lediglich um 1 von den Floskeln, mit denen gewiegte Wahlredner die Ohren der Leute kitzeln, auf daß sie ihm ihre Stimmen geben, (worauf er ihnen dann anschließend wieder, im selben Stil, ›politische Reife‹ bescheinigt) – ich will mich heut & hier der schärfsten Kriegspfad=Ausdrückungen enthalten; aber wenigstens *einmal* soll es ausgesprochen werden, daß ein Satz durchaus auch deswegen richtig sein könnte, *weil* ›Das Volk‹ Ärgernis daran nimmt. Rücke ich also ganz simpel die Tatbestände etwas zurecht, und bitte den Hörer nur, to turn it over in what he is pleased to call his mind. –

Da sei zunächst, es ist am leichtesten, die schmeichelhafte Gleichung zwischen ›Volk & *Denker*‹ aufgelöst: daß die ›Kritik der Reinen Vernunft‹ bei uns so populär wäre wie Karl May, das soll man dem Juden Apella erzählen; und auch die jeweiligen deutschen Regierungen haben weder Schopenhauer noch Freud sogleich nach dem Erscheinen ihrer Hauptwerke einen lebenslänglichen Freitisch im Prytaneion ausgeworfen. Wohl aber sind mir zahlreiche Fälle bekannt, daß mit GOttes & einiger Richter Hülfe Widerrufe erzwungen, Schierlingsbecher serviert, bzw. Scheiterhaufen errichtet wurden; (aber ich will gerecht sein : zuweilen wurde dem Betreffenden, aus sonderbarer Gnade, ein Pulversäckchen um den Hals gehenkt). Zugegeben, es mag für Gläubige ebenso unheimlich wie unverständlich sein, daß notorisch große Denker die jeweils im Schwange gehende Staatsreligion immer ziemlich cavalièrement traktiert haben; und eine Wendung wie »je mehr Zeit ein Volk auf seine Religionsübungen verwendet, desto verkommener ist es« wirkt ja auch – obwohl sehrsehr nachdenklicher Aspekte fähig! – einigermaßen blasenziehend. Immerhin besteht in solchen pikanten Ausdrücken ›die Philosophie‹ noch längst nicht; dergleichen ist nur das energische Ausräumen von Denkverboten, ›Sprachregelungen‹ & Tabuisierungen, (mit denen interessierte Kreise bewirken wollen, daß das Volk ja nicht auch mal auf die Wahrheit reinfalle).

In Wirklichkeit handelt es sich bei der Philosophie ebenso wie bei der Hochliteratur um sehr komplizierte Spezialgebiete, die nicht nur große Begabung erfordern, sondern vor allem lebenslängliche Schulung, Fleiß & Selbstdisziplinierung; und deren Schwierigkeit nur dadurch dem Volke nicht sichtbar wird, weil es sich im alltäglichsten Umgang mit sich selbst genau der gleichen Zeichen bedient, nämlich der Buchstaben. Die unerwartet hohen Taschenbuchauflagen von Freud's ›Traumdeutung‹ oder ›Der Witz‹ haben nämlich ihren Grund nicht darin, daß neuerdings die literarischen Feinschmecker und subtilen Denker plötzlich zu Hunderttausenden mitten unter uns wären; sondern beruhen schlicht darauf : daß das eine buchstäblich als Witz=Sammlung verbraucht wird; während man aus dem andern erfahren möchte, ob der brünette Herr, der Einem zwischen Uhlenflucht & Hahnenkrat durchs Kleinhirn säuselte, binnen 3 Tagen den Geldbriefträger ›bedeutet‹. Neinein : ›Das Volk‹ und nicht etwa nur das deutsche, ist ungebildet und versteht nichts vom Denken.

: wohlgemerkt : ich habe *kein Wort* von ›doof‹, also bildungs=*unfähig* gesagt!

2

Bei den Schriftstellern liegt der Fall nicht anders. Auch hier wird die Einsicht in die wahren Sachverhalte, (sowie das anschließende Insichgehen), durch den Umstand erschwert, daß Jeder sich einbilden kann, er habe in der Schule ja wohl schließlich auch Lesen & Schreiben gelernt; und vor allem dadurch, daß fast nie der Unterschied zwischen ›reiner‹ und ›angewandter‹ Literatur gemacht wird, was sich vor allem hinsichtlich der Modernen Literatur geradezu verheerend auswirkt.

Freilich ist es auch bei den Dichtern der Älteren Schule immer so gewesen, daß die Guten unpopulär, und die Populären nicht gut waren : ›Das Volk‹ hat nie Lessings theoretische Schriften zu würdigen gewußt, und nicht Klopstocks grandiose ›Gelehrtenrepublik‹; sondern währenddessen fleißig Gleich und Lafontaine verschlungen, und sich auf dem Theater Iffland angesehen – nu einverstanden!; beim Licht von Blitzen zu lesen ist nicht Jedermanns Sache; Hauptsache der Betreffende bildet sich bei solcher Gemütsbelustigung nicht gleichzeitig ein, nunmehr auf den Höhen der Kultur zu wandeln. Mein Eideshelfer sei Wilhelm Hauff, bei dem der Leihbibliothekar dem Besucher lange Reihen von Bänden zeigt : »die weißen Pergamentrücken waren so rein, als hätte man sie nie oder nur mit Handschuhen angefaßt. ›Wer ist wohl der Autor?‹. Ich riet auf eine Reisebeschreibung, oder ein naturhistorisches Werk. ›Letzteren Artikel führen wir gar nicht‹, antwortete er wegwerfend, ›es ist Jean Paul!‹. – ›Wie?!‹ rief ich mit Schrekken; ›ein Mann, der für die Unsterblichkeit geschrieben, sollte jetzt schon vergessen sein? Hat er denn nicht Alles in sich vereinigt, was anzieht & unterhält : tiefen Ernst & Humor, Wehmut & Satire, Empfindsamkeit & leichten Scherz?‹ – ›Wer leugnets?‹ erwiderte der kleine Mann, ›aber er hat *für die Ewigkeit* geschrieben : *nicht für unser Volk!*‹.«

Denn es hat zu allen Zeiten eben stets 2 verschiedene Literaturen gegeben; nämlich

1.) die allbeliebten guten 99% gedruckten Geschwätzes, die Wonne der Strickerinnen & Laternenanzünder, und weiter ›hinauf‹, über den ›kaufmännischen Angestellten‹, bis hin zum süßen Lesepöbel, der sich auf Ministersesseln spreizt, (und der ja sogar der mit Abstand widerlichere Typ ist). Und

2.) die wirklich ›Große Literatur‹.

Und ich zögere, das auch von meiner Ordnungsliebe geforderte=fehlende ›1%‹ hinzutippen. Denn nehmen wir nur die sogenannte Bundesrepublik mit ihren rund 30 Millionen Lesefähigen, zwischen 17 und 70 : dann müßten das ja immer noch 300.000 sein; und so viel Gute Leser hat es in 1 einzelnen Volk zu gleicher Zeit nachweislich – u. a. durch die Auflagenziffer – noch nie gegeben. Bei uns mögen es, hoffnungsvoll geschätzt, 5.000 sein; d. h. auf je 10.000 Menschen kommt zur Zeit 1 ernstzunehmender Leser; und selbst, ehe ein neuerscheinendes Buch ihn erreicht, vergehen erfahrungsgemäß mehrere Jahrzehnte. Auch besteht kaum Aussicht, daß der betrübliche Prozentsatz sich in unserem Jahrhundert nennenswert erhöhen werde; denn, mag auch der allgemeine Bildungsstandard meinthalben zunehmen : die gerade in vollem Aufkeimen begriffene Moderne Literatur entfernt sich zunächst in solch rapidem Tempo vom bisher auf Druckpapier Gewohnten, daß auf ein baldiges Einholen durch die Leserschaft schwerlich zu rechnen ist : die stille Hoffnung, daß ›Dichter & Denker‹ mal ›ein Volk‹ haben könnten, wird von Messe zu Messe unrealistischer – ich fürchte immer, die einsichtigeren unserer Kinder werden noch einmal bibbern ob des Abstandes : *die Wahrheit könnte ihnen durchaus davonlaufen!*

3

Als Erstes finde ich mich in der zeitraubenden Lage, beweisen zu müssen, daß es tatsächlich etwas wie eine Moderne Literatur gebe, die sich von der älteren, und auch von 99% der zur Zeit praktizierten, fundamental unterscheidet. Und da sehe ich sie schon vor mir, all die ach so con=temporisierenden Gesichtel, ob feinsinnige Lesermiene ob Kunstschwätzervisage, wie sie sich, über ihren Dünndruckband Stifter hinweg, nachsichtig=amüsiert erkundigen : »Was verstehen Sie denn unter Ihrer ›Modernen Literatur‹?«. Einem Solchen, der 100 Jahre hinter seiner Zeit zurück ist – was Er so ausdrückt : »Ich komme über den ›Nachsommer‹ nicht hinweg –« – empfehle ich, und zwar allen sachlichen Ernstes, dabei zu bleiben; er kann ja noch den ›Theuerdanck‹ hinzuziehen, es ist nicht schad'. Hauptsache, er erlaubt auch mir die Beteuerung, daß die Moderne Literatur sich von der Älteren Stils erheblich unterscheidet, und zwar so sehr, daß es eigentlich gar keines besonders bewaffneten Auges bedürfen müßte, um den Unterschied wahrzunehmen.

Der liegt weit weniger in dem, was dem normal=schlechten Leser das Interessanteste und eigentlich Entscheidende dünkt, nämlich ›dem Inhalt‹, jenem beliebten Cocktail aus Sternstaub & Sündertränchen; obschon auch hier eine erfreuliche Tendenz zu größerer Nabelfreiheit unleugbar ist : handelt es sich doch bei Miller wie bei Jahnn mit nichten um die möglichst pikante Abschilderung von Ereignissen zwischen Kehlkopf & Kniescheibe, auf daß der Filister sich kurzatmig=lippenleckend aufgeile; sondern weit eher um das gewaltig ehrliche Prosa=Steak ›Eines, der sich auszog, das Gruseln zu lernen‹. Vielmehr wird der Unterschied sich etwa so angeben lassen :

1.) Man schreibt *langsam Prosa. Nur sie* wird rhythmisch der Vielfaltigkeit der zu verschränkenden Handlungsabläufe, und sei es nur 1 einzigen Tages, annähernd gerecht; zumal wenn eben mit einer Genauigkeit & Offenheit gekoppelt, die den biologischen Gegebenheiten einigermaßen Rechnung trägt – der beliebte, angeblich so tauig=keusche Herr Stifter zum Beispiel, verrät sich schon bei einer ziemlich oberflächlichen mikroskopischen Anatomie seiner Texte : mit zwanghafter Häufigkeit, bei den unmöglichsten Anlässen, erscheinen bei ihm die Worte ›Geschlecht‹ und ›Ding‹ und ›rothaarig‹ : die Rache des Unbewußten.

2.) Die Moderne Literatur benützt fundamental neue Erkenntnisse, was Worte & deren Folgen im Leser anbelangt; aufbauend auf Freud und dessen Vorgängern. Und endlich

3.) was das Gerüst eines Buches betrifft – also einmal die Groß=Struktur, das Fachwerk; sowie die Anordnung der einzelnen Prosaelemente an diesem Gerüst – so sind die Möglichkeiten konformer Abbildungen unserer Welt durch die bis 1890 praktizierten Formen der Älteren Schule nichts weniger als erschöpft. –

Zu Nummer 1) : das Primat der Prosa zu bezetern sei professionellen Reimern überlassen die sich auch weiterhin einbilden dürfen, ›das Höchste sey & bleybe 1 lyrisch Gedicht‹ – 'ch weiß nich; aber 'n büschen komplizierter scheint mir das Leben denn nu doch. Und daß ein Großroman, an den ein begabtester Autor, ein Aner myrionous, (was immer das auch bedeuten möge), 1 oder gar 2 Jahrzehnte seines einzigartigen Daseins wendet, bedeutender ausfallen müsse, als das duftigste Sonett der warzigsten Wortmetze, leuchtet dem Leser, der für sein Geld mit Recht was haben will, ja wohl auch ein. Bleiben kurz zu erläutern eigentlich nur die Pünktchen 2 und 3.

4

Seit etwa der Jahrhundertwende hat sich, wenn auch sehr zögernd und von den Betroffenen meist gar nicht gern akzeptiert, doch die Erkenntnis ausgebreitet, wie ›Namen‹ mit nichten ›Schall & Rauch‹ seien; sondern daß Worte uns weit nachhaltiger necessitieren, als Mann wahrhaben möchte, (schweigen wir ganz von ›der Frau‹). Und ich meine jetzt nicht das sich durch sachlich vorgebrachte Gründe überzeugen lassen – das klappt bestenfalls bei Nebensächlichkeiten – sondern wiederhole der Kürze halber das belehrende Beispiel aus Maury's ›Le sommeil‹; wo Jener einmal im Traume auf einer Landstraße spazierte und die Kilometersteine ablas. Dann in einen Kaufladen trat, dessen Inhaber zwar mit Kilogrammgewichten handtierte; dem Träumer allerdings mitteilte, er sei jetzt aber nicht in ›gay Paree‹, sondern auf der Molukkeninsel Dschilolo; worauf M. sich bedankte und durch Lobelienbüsche davonschritt, zwischen denen General Lopez (dessen Tod er am Abend zuvor in der Zeitung gelesen hatte) auf ihn zu kam, und ihn zu einer Partie Lotto einlud – eine scheinbar läppische, ›sinnlose‹ Bilderfolge.

Es sei denn, man entschlösse sich, die Zünd=Worte so zu arrangieren :

Ki	lo	meterstein
Ki	lo	grammgewicht
Dschi	lo	lo
	Lo	belien
	Lo	pez
	Lo	tto

Mit deutlicheren Distelworten : aus ›irgendeinem Grunde‹ war bei Maury der mit ›lo‹ etikettierte Wortballen aufgegangen; und der Traum konstruierte nun, mit größter Eilfer= & Possenhaftigkeit, etwas wie eine Bildergeschichte daraus, vergleichbar dem Schnelldichter im Tingeltangel. Und der Grund zu solchem ›lo‹=Zwang lag *noch* eine Etage tiefer; denn bei ›lolo‹ gibt selbst der neuste=kleine ›Klett‹ an, daß es sich um den Kosenamen für eine Frauenbrust handelt, und eine ›Lolotte‹ ist ein Nüttchen : Maury muß, physiologisch bedingt, amouröse Regungen verspürt haben. Die ganze Erscheinung ist ebenso ›natürlich‹ wie häufig, und sie besagt u. a., daß die bloße Lagerung der Worte im Gehirn uns viel mächtiger beeinflußt, als vergangene, relativ unerleuchtete, Jahrhunderte ahnten. Auch im Wachzustand werden sich dergleichen seeschlangige ›Zusammenhänge‹ pausenlos anbieten, und einige davon auch durchsetzen; es handelt sich eben um seelische Mechanismen des Herrn Jedermann, vor denen man die Augen nicht schließen, vielmehr möglichst weit aufsperren sollte.

Denn auch das Umgekehrte wird ja nunmehr möglich : daß ein erzgeschickter Schriftsteller die nichtsahnenden Leser unauffällig mit ›lolo‹=Silben ›unterschwellig‹ bearbeitet; und der Ahnungslose lobt den Losen, der ihn bewußt gelotst hat, und wundert sich womöglich noch, wieso er sich nach getaner Lektüre erotisch wohlaffektioniert erhebt. Ge= & Mißbrauch der Methode sind selbstredend nicht auf die Sexualität beschränkt, sondern erstrekken sich auf alle Gebiete menschlicher Betätigung; und ermöglichen der Modernen Literatur gänzlich neue Mittel zu feinsten, geistreichsten Anspielungen & Verknüpfungen. Ein viel beschrieenes Beispiel liefert James Joyce's Buch ›Finnegans Wake‹; genau nach Freud'scher Traumtheorie konstruiert, gemäß welcher die Träume 1 Nacht das dringendste unerledigte Problem des Vortages aufgreifen, und es in einer Serie von Bilderfluchten, es gleichsam von vielen Seiten her ventilierend, ›lösen‹ : demnach wählte Joyce sich seinen permanenten Hahnrey=Komplex; und bediente sich zur lingua=logischen Weiterbeförderung der kreiselnden Nicht=Handlung, sowie zur Anreicherung mit verräterisch=folgenreichen Doppelbedeutungen, des eben beschriebenen Aneinanderklebens der Worte. (Allerdings ist Joyce an der hier gefährlich naheliegenden Klippe zu großer subjektiver Verschlüsselung gescheitert.) Nur muß sich der Leser daran gewöhnen, daß – da die Worte selbstverständlich nicht orthografisch sondern *fonetisch sortiert* im Broca'schen Zentrum lagern – die normale Rechtschreibung notfalls einige Abänderungen erfahre. Wie fantastisch & tiefsinnig ist das nicht gemacht, wenn im ›Wake‹, dem verdachtsvollen Eifersuchtstraum eines Alkoholikers, dessen Gattin von einem Fremden eine Zeitung empfohlen wird, der »weekly Standerd, our verile organ, that is ethelred by all pressdom« – was, oberflächlich entziffert »die Wochen=Standarte, unser wahrheitsliebendes Organ, das von der ganzen Presse gelesen wird« bedeutet; (was es im Grunde besagt, wage ich, so wie unsre Bundesrepublik gebaut ist, gar nicht herzusetzen : der Dame wird etwas sehr=anderes offeriert!). Aber wenn auch Joyce im ›Wake‹ die Grenze der Nachvollziehbarkeit durch ein Publikum mutwillig überschritten hat und etwas zu viel Ego in seinem Kosmos ist, so gibt es doch auch leichtere Beispiele; denn lange *vor* den bisher erwähnten – vor Maury & Freud & Joyce – hatte bereits ein Anderer den ganzen Komplex einigermaßen erkannt, theoretisch untersucht, und dann praktisch benützt. Bei dem o.a. Beispiel des ›lolo‹=Traumes nämlich hätte Männiglich – vorausgesetzt, wir lebten in einer leidlich=leidlichen, an Literatur interessierten Welt – sofort nicken & flüstern müssen : »Ähä; Carroll'sche Syzygien.«; das nämlich wäre die, historisch & sachlich exakteste, Benennung jenes, manchem vielleicht noch kurios bedünkenden Tatbestandes.

Was das speziell hier anstehende Thema betrifft, muß darauf hingewiesen werden : daß jener eigentliche Kirchenvater aller Modernen Literatur wieder mal kein Angehöriger des ›Volks der Dichter & Denker‹ war; sorry. Nicht, daß ich mich darob sinnlos freute; im Gegenteil kann Niemand inbrünstiger wünschen als ich, es würde bei uns mehr & tiefer gedacht & gedichtet : *Da hätte ich es nämlich auch etwas leichter!* –

Man unterlasse, bitte, bevor man sich einige Wochen lang ausgiebiger informiert hat, alle Einwürfe gegen das Verfahren als solches. Es handelt sich um eine einwandfreie Bereicherung der literarischen Technik, die es, bei sorgsamer Handhabung, ermöglicht, hinter die moderne=bunte=reiche Oberflächenhandlung einen schön dazu passenden ›Echoraum‹ zu blenden; den Nachvollziehenden mit diskreter Gewalt zu einem doppelten Leseglück zu zwingen.

Und wer immer noch sich zieren oder gar bestreiten möchte, sei darauf verwiesen, daß zwar die Künstler all=harmlos sind; aber z.B. die ›Reklame‹ sich das Verfahren unauffälliger Bearbeitung unter vorsichtiger Aufopferung der Orthografie längst umfassend zunutze gemacht hat. Denn den brutal=einfallslosen Koofmich erkennt man daran, daß Einem sein Fabrikat, ob Zigarette ob Kugelschreiber, von der Litfaßsäule herunter von einer hübschen=dikken Puppe, mit *solchen* oh=lo=los, hingehalten wird; während der besser Beratene es besser mit ›RAMA‹ macht : da liegt nämlich, gleich nebenan im Wort=Hort, das gute=fette ›Rahm‹, (und Einem, der englisch kann – wer könnte es bei uns nicht – fällt, in frivoleren Augenblicken, womöglich gar ein rammelndes ›ram‹ ein).

5

Damit ist aber erst 1 der mehreren Kennzeichen Moderner Literatur angegeben – zu Punkt 4), dem vom ›Fachwerk‹, muß ich schon wieder eine allgemeine Betrachtung vorausschicken.

Viel Wirrnis & Feindseligkeit könnte vermieden werden, wenn die Erkenntnis Allgemeingut würde, daß man 2 große Gruppen literarischer Formung zu unterscheiden habe; nämlich

a) die ›ältere‹, von Vater Homer an. Und
b) die neuere; die, ich sagte es bereits, mit Lewis Carroll beginnt.

Die ›ältere‹ – und ich möchte sofort nachdrücklichst betont haben, daß das nicht unbedingt identisch mit *ver*=altet zu sein braucht : Klopstocks ›Gelehrtenrepublik‹ ist heute noch 1. Garnitur! – hat zum strukturellen Kennzeichen, daß die von ihr benützten literarischen Formen zum größten Teil gesellschaftlichen Gepflogenheiten entsprechen, wie sie sich organisch im Lauf der Jahrtausende herausgebildet haben. Anekdote, Novelle, Roman sind strukturell nur durch ihren Umfang unterschieden; genetisch ahmen sie sämtliche ›den Erzähler im lauschenden Hörerkreise‹ nach. Das Gespräch, in Rede & Wider=Rede, ergab die Form des ›Dialoges‹; ideal, um 1 Fragenkomplex von mehreren Seiten her anzuleuchten; (wobei die technische Voraussetzung jedoch die ist : daß die Partner den gleichen Ort, dieselbe Stunde, das gleiche Thema miteinander teilen!). Als die Zivilisation vorschritt und man ›die Post‹ erfand, wurde die hier nächst=raffiniertere Technik möglich, der ›Briefroman‹; obwohl hier der ›lag‹ und die 2 verschiedenen Lebensbereiche wesentlich größere Kunst erfordern. 1 Mal wurde auch innerhalb dieser älteren Gruppe ein Schrittchen getan, den Circulus gesellschaftlicher Gepflogenheiten zu verlassen : einzelne kühne Geister probierten das ›Tagebuch‹, und machten so den ersten schüchternen Versuch zur Bewältigung innerer, subjektiver Vorgänge. Alle beschriebenen Gerüstformen sind auch heute noch dort am Platz, wo es sich um die optimale Erledigung bestimmter, vom Thema geforderter Verhältnisse handelt : wenn ich 2 verschiedene Personen, mit ihren 2 verschiedenen Erlebnisreihen, in 2 verschiedenen Landschaften angesiedelt, miteinander in Verbindung zu setzen habe, dann geschieht das auch heute & für absehbare Zeit noch, vermittelst des Briefromans; obschon die Oberflächenbehandlung der einzelnen Prosaelemente – im Sinne der Polyvalenz der Worte und ihrer Schreibung – heute eine sorgfältigere, geschicktere zu sein hätte. (Wieland's ›Aristipp‹ wird hier immer ein vom Fachmann genau durchzustudierendes Modellobjekt bleiben.) Das allerdings ist eine ganz andere Frage, steht auf einem ganz anderen Blatt, und scheint mir ein weiterer der Scheidewege, vor dem ›Das Volk‹ heute brabbelnd & keifend steht; und einfach nicht das bißchen Energie aufbringt, wenigstens probeweise einmal zu vergessen, was es bisher zu wissen geglaubt hat; um dann vielleicht eine Einsicht, die mit den eigenen Irrtümern im Widerstreit ist, meinethalben ganz langsam & pomadig, genehmigen zu können – nämlich *die* Frage : ob denn mit den beschriebenen älteren Formen nun nicht schon sämtliche Möglichkeiten erschöpft wären? Die Antwort lautet, man wird's erwartet haben : »Nu selbstverständlich nich!«. –

Das ›Tagebuch‹ war ein Anfang. Die organische Fortsetzung hier lautet, um ein Firmenschild zu gebrauchen, das ich allerdings nicht schätze, ›Innerer Monolog‹; also, wohl richtiger ausgedrückt, die möglichst exakte Wiedergabe des Gemisches aus subjektivem Gedanken=Dahingequirle plus Dauerberieselung durch die nicht minder rädertierig=radotierende Realität – das bis jetzt hochwertigste Modell hat Joyce mit seinem ›Odysseus‹ geliefert. Da ich die ältere Gruppe als die Nachbildung gesellschaftlicher Gepflogenheiten definiert hatte, mag das am einfachsten zu merkende Hauptkennzeichen der jüngeren immerhin dies sein : daß sie sich die möglichst getreue Abbildung innerer Vorgänge unter gleichzeitiger Einwirkung der Außenwelt vorgesetzt hat; und zwar durch die jeweils gemäßeste Anordnung der Prosaelemente, wie auch durch den Feinbau der einzelnen Worte selbst; wobei das Kriterium des Gelingens die größere Annäherung an die Wahrheit, sowie die überzeugende Nachvollziehbarkeit durch einen geübten Guten Leser ist. Ich betone dieses ›Gut & geübt‹! Es wäre pueril, sich einzubilden, daß man – bisher ein Leben lang gewohnt, an Krimi=Altären oder denen Jerry Cotton's zu frönen – Moderne Literatur nun sogleich mit hohem Genuß vom Blatt zu lesen beginnen könnte : *dem ist nicht so!*

Ich führe hier nur ganz rasch ein paar grobe Exempel von jedermann bekannten Bewußtseinsvorgängen auf. – Da gibt es also das Gedankengebrodel in dem, durch die Realität hingetragenen Kopf. Da ist der Vorgang des Sich=Erinnerns. Da gibt es Träume, (die isoliert zu servieren anscheinend jeden Leser überfordert). Und da ist endlich das allwichtige ›Längere Gedankenspiel‹, das man wohl auch unscharf als ›Tagtraum‹ bezeichnet; ich kann hier nur auf dies letztere etwas näher eingehen. Das ›Längere Gedankenspiel‹ befindet sich in der Mitte zwischen Traum und Kunstwerk : was der Nacht der Traum, das ist dem Tag das Gedankenspiel. Und es handelt sich bei ihm um einen allgeläufigen, im Lauf des Lebens von Jedem hundertfältig praktizierten Vorgang : ob sich die Verkäuferin im Kaufhaus als ›berühmte Tänzerin‹ imaginiert – man merkt's an der Geste des Sterbenden Schwan's, mit der die Ware verliehen wird – und daraus, zumal abends vorm Allein=Schlafengehen, Trost & Stärkung zieht; ob der Beamte sich zu seinem eigenen Vorgesetzten ernennt, und in schneidenden Rededuellen gehässigsten ›Zug‹ in die ganze Behörde bringt; ob der Bergmann über Tage sich den schönfarbigen Prospekt einer Bau=Gemeinschaft vornimmt, und wochenlang um's schmucke Eckcouch=Heim, fabrikneu mit Dampf am Auspuff=oben, herum lustwandelt : immer ist das Gedankenspiel einer unserer häufigsten & wichtigsten Bewußtseinsvorgänge. Und eben, sowohl infolge der Art seiner langsamen, zäh=probierenden Formung, wie auch der besonders interessanten Relation zwischen dem Individuum und der es, meist frustrierend, umgebenden Außenwelt halber, im höchsten Grade ›literaturfähig‹; ja, zuweilen selbst schon halbe Literatur.

Für den Schriftsteller bedeutet das aber praktisch : daß eine vollere, präzisere Beschreibung seines Helden aufs köstlichste durch Hinzuziehung von dessen Längeren Gedankenspielen möglich wird. Rein äußerlich dürfte es, um dem Leser das Erkennen der Umschaltung von Realität auf Gedankenspiel & wieder zurück, – also das ›Mitspielen‹ – zu erleichtern, angezeigt sein, auch auf der Buchseite selbst eine Auseinanderrückung in 2 Kolumnen vorzunehmen. Wobei ich, um dem Interessierten wenigstens 1 kleine Andeutung der hier erforderlich werdenden handwerklichen Überlegungen zu liefern, darauf hinweisen möchte, wie z. B. die Überschneidung dieser beiden Textströme, die Breite des optisch=gemeinsamen Mittelstreifens, gar nicht von der Willkür des Verfassers abhängt, sondern vielmehr davon : wieweit Stimmung & Atmosfäre in beiden Erlebnisbereichen noch als ungefähr übereinstimmend angesehen werden können. Ein ›Gefangener‹ wird sich, zur Austarierung seiner gedrückten Situation, ja zuweilen um nur Überleben zu können, gern Längere Gedankenspiele absoluter Freiheit suggerieren; wie es etwa so unendlich folgenreich Karl May im Zuchthaus zu Waldheim tat, (und so mancher Kriegsgefangene auch tun mußte). In solchem Fall ist der Gegensatz so gewaltig, der oberschichtige bildmäßige Zusammenhang so schmal, daß die Kolumnen weitweit auseinanderzurücken haben – daß unterschwellig dennoch die grausamste Determinierung stattfindet, daß & warum der ›Gefangenenwärter‹ der Realität im Gedankenspiel beträchtlich sieghaft über die endlose rolling prairie gescheucht werden wird; daß & in welch kurioser Weise die beiden Bereiche einander gegenseitig beeinflussen & anregen – das dem Leser darzutun, indem man tausende von Fi= & Raffinessen in allen Spalten & Ritzen versteckt, und die Einzelworte, bis in die Buchstaben hinein mit Ober= und Unter=Tönen füllt : das ist Sache jahrelanger Mosaikarbeit eines hochtrainierten Verfassers. Aber ganz abgesehen noch von dem Fleiß & der Kunst, die erforderlich sind, wenn eine Arbeit der beschriebenen Art gelingen soll, setzt sie auch große Opfer an Stücken der eigenen Persönlichkeit voraus – nur so gerät das Ergebnis ›wahr‹ genug – ein Akt der Selbstlosigkeit, der eine nicht geringe Anstrengung des Mutes erfordert; mit dem einzigen Zweck, die Möglichkeiten der Kunst zu erweitern, und sich der Wahrheit wieder etwas mehr zu nähern. Der Poncho unbeteiligter Anonymität, wie ihn ängstliche Verfasser zu tragen pflegen, die prinzipiell jedwede Ähnlichkeit ihrer Helden & der um jene herumliegenden Ortschaften, mit der Realität oder gar mit sich selbst, gleich auf der ersten Seite abschwören – besagter Poncho also dürfte etwas löcherig werden. Aber sich aus solchen Beweggründen ›Blößen zu geben‹ – um dem Menschen den Menschen begreiflicher zu machen – ist in meinen Augen respektabler als der befördertste Gerok.

6

›Genug nun!‹ wird es unwillig heißen – ›Genug theoretisiert‹, sage auch ich. Dennoch mußte es einmal, und sei es noch so flüchtig, dargetan werden, daß es außer der ›angewandten‹ Literatur auch noch eine, sehr seltene, ›reine‹ gibt, die buchstäblich ›Grundlagenforschung‹ betreibt; die theoretische Einsichten sich erarbeitet, und anschließend mühsam einige wenige Modelle herstellt. Selbstredend wird die Konsumliteratur, vom Bodensatz der Groschenromane an, bis hinauf zu den Prosakonglomeraten Stifter's und Goethe's, immer den Löwenanteil der Buchproduktion stellen, was Meterzahl & Kilogrammgewicht der Bandreihen anbelangt; trotzdem sollte jeder Staat, der ein bißchen auf Reputation Wert legt; der nicht gefährlich stagnieren, und ins internationale Hintertreffen geraten, und den Anschluß an die Abbildungsmöglichkeiten der Welt durch das Wort verlieren will, sich die paar ›Reinen‹, die in jedem Volk in jedem Jahrhundert auftreten, sorgsam erhalten : was sie heute, scheinbar schrullig, treiben, wird in 100 Jahren als ›zur Literatur gehörig‹ rubriziert, und in 200 Jahren als handwerklich=selbstverständliche Technik beachselzuckt werden.

Wohl ist Moderne Literatur ›anspruchsvoll‹, ist ›kompliziert‹ und ›schwer zu verstehen‹ – das ist ›Das Leben‹ übrigens auch –

aber von einem Buch, nur weil man es nicht so gemütlich wie gewohnt ›vom Blatt lesen‹ kann, nun flink zu dekretieren, ›es tauge nichts‹ : also das wäre einwandfrei ein Defekt im Leser!

Nein : es ist nichts mit einem ›Volk der Dichter & Denker‹; *war* nie etwas; und *kann* es nicht sein. Ist es doch, höflich ausgedrückt, eine Naivität – korrekter : eine Frechheit! – von der Kunst zu verlangen, sie habe sich, per fas et nefas, dem Nie=wo des ›Volkes‹ anzupassen; *umgekehrt* ist es : der Einzelne, der Große Kunst verstehend genießen will, hat sich gefälligst zu ihr hin zu bemühen! Das Volk, das von sich zu rühmen wüßte, e i n P r o z e n t seiner Angehörigen seien *Gute Leser* – : siehe, dies wäre ein auserwähltes Volk.

»›WAHRHEIT‹ – ?«, SEGGT PILATUS, UN GRIFFLACHT .....

1

Eyn schön alt maulaufreißend Wort, zugegeben; aber : »›Wahrheit‹ – Was ist das?«

Denn ich weiß es wirklich nicht. Mir kommt schon seit Jahrzehnten der Mensch wie eine Tierart mehr vor, (gar nicht erniedrigend gemeint; sondern ganz schlicht im Sinne einer biologischen Zurechtrückung der Tatbestände); ausgerüstet mit nicht übermäßig bewundernswerten Sinnesorganen zum Behuf des Broterwerbs; mit einem Gehirn, das sich den Raum auf 3 Dimensionen vereinfacht, während jeder bessere Mathematiker oder Astronom mir, ohne sich zu überanstrengen, nachweisen kann, daß er zumindest 4, vermutlich noch mehr, hat, sodaß also unsere simpelsten Sinneswahrnehmungen von vornherein nicht direkt ›falsch‹, aber nur eine Art Annäherung an die Wirklichkeit sein können. Nein : ›Wahrheit‹ ist nichts für uns; und Diejenigen, die behaupten, sie wüßten mehr davon, Die wissen am allerwenigsten (womit, ganz Recht, unter anderem sämtliche Religionen gemeint sind; sowie Alles, was sonst noch am Unendlichkeitsfimmel laboriert).

Aber ich bezweifle, daß im hier abzuhandelnden Fall *diese* Sorte Nicht=ganz=Irrtum gemeint ist – man scheint vielmehr wissen zu wollen, was mich eventuell daran verhindern könnte, die CDU=Fürsten ›blinde Führer von Blinden‹ zu nennen. Sei's drum : ich betrete auch diese (ziemlich plumpe) Falle, die Hände auf dem Rücken und mich aufmerksam umschauend; denn mich interessieren ›Fallen‹, und ich habe mich schon erfolgreich in mehreren befunden, mußte ich doch zum Beispiel 6 Jahre Soldat und Kriegsgefangener sein.

Da macht es mir wenig aus, Dinge zu äußern, wie etwa, daß mir die Betulichkeit all dieser EWG'en einzig darauf hinauszulaufen scheint, möglichst einen leidlich konkurrenzfähigen Weltstaat zu gründen, in dem 90% der Bevölkerung Katholiken wären. Aber ich bin mir der Unfruchtbarkeit solcher Bemerkung völlig bewußt. Denn ich wiege mich mit nichten mehr, wie zwischen 1945 und 50 – eine Zeit, die mich an die schönste, ›freieste‹ meines Lebens, nämlich die Jahre der Weimarer Republik, niewiederkehrenden Angedenkens, erinnert – in der Illusion, daß es in Deutschland noch einmal gelingen könne, ein annähernd ähnliches Vierteljahrhundert herzustellen. Ich bilde mir nicht mehr ein, stellvertretend für eine auch nur einigermaßen ansehnliche Minderheit von 5% zu sprechen : meine Zeitgenossen haben mir seitdem, nicht nur durch demonstrative Nicht=Teilnahme an meinen eigenen Arbeiten, sondern vor allem durch ihre ›Stimmabgaben‹ dargetan – und sie wußten es Alle, daß sie damit Dinge wie ›Adenauer‹ und ›Wiederaufrüstung‹ wählten – daß sie meine diesbezüglichen Ansichten nicht nur nicht teilen; sondern mehr noch : sie überhaupt nicht einmal hören wollen. Und ich bin nun immerhin auch schon fast Fünfzig; ich habe keine Zeit mehr, Geduld mit Ochsen zu haben, die sich selbst den Fleischer zum König wählen. Daß ich, leider, ein zu guter Demokrat bin, um nicht höflich zurückzutreten, wenn ich ›DIE MEHRHEIT‹ gegen mich sehe, ist eine Schwäche, ich weiß es wohl – zurückzuführen eben auf die o. a. ›Zwanziger Jahre‹ – aber ich brauche mich ihrer immerhin nicht zu schämen, wie? (Was unsere Attilalariche ja überhaupt nicht kennen.)

Und da sehe ich mich also heute, in der 2. Hälfte des 20. Jahrhunderts, um mich um – ich, ein fleißiger Übersetzer und immerhin=auch Schriftsteller; Einer von Denen, die ihre ›Aufgabe‹ (in Anführungsstrichen) darin erblicken, die Welt nach Kräften präzise abzubilden – ich, 20 Kilometer entfernt von der ›Zonengrenze‹, sehe mich ergo um; und was erblicke ich, als Deutscher, hinsichtlich dieser schon=zweiten, niedrigeren Staffel der ›Wahrheit‹?

Im Westen einen Staat christlich=bornierter notstandsgesetz=süchtiger 40=Stunden=Wöchner : Arbeiten will Keiner, Fernsehen Jeder. Unterminiert von ehemaligen, immer noch hoch überzeugten Nazis; (und ich bin mir nicht recht sicher, ob man sich ihrer nicht gar gern ›bedient‹). Im Osten ein Siebenmonatskind von ›Arbeiterstaat‹, aus Mangel an Kohle und Eisen und Kunst dahinvegetierend. Schwer beim Rüsten sind Beide. (Und Kanzler Ganzgott und Sänger Halbgott gibt's auf beiden Seiten.) Da ist die Lage für Uns=Schriftsteller einfach so : Wir müssen uns, im reinlichsten Interesse unserer Arbeit, dort aufhalten, wo uns die geringste Zahl von Denk= und Schreib=Hemmungen droht.

Und da bekenne ich es denn ganz offen : wenn ich mich einst früher oder später (und ich fürchte immer, es werde ›früher‹ sein) vor die Wahl gestellt sehen werde, zwischen einer dann vollausgebildeten braun= und schwarzen Diktatur (Generäle plus Katholiken) und einer ›roten‹ – , – tcha, dann werde ich, gemäß meinem Prinzip der ›geringeren Denkhemmung‹, vermutlich den Osten wählen. Nicht jauchzend, wohlgemerkt, sonst wär' ich ja längst ›drüben‹; vielmehr wird es eine grausliche Wahl werden zwischen 2 ›größeren Übeln‹ – : aber in Trans=Albingistan werden mir die Kinder auf der Straße hoffentlich *nur* ein dümmerliches ›Formalist‹ hinterherrufen; während bei uns noch zusätzlich religiöser und nationaler Fanatismus über mich herfallen dürfte. (Noch ist es nicht ganz so weit : aber wir spurten ja mit 100 Millionen Beinchen darauf zu!)

Wo ist bloß der Staat, der sein Grundgesetz mit dem all=herrlichen Satz begönne :

›DIE WELT IST GROSS GENUG, DASS WIR ALLE DARIN UNRECHT HABEN KÖNNEN!‹?

2

Aber das wären schließlich auch noch Fragen, denen sich *jeder* geistig Arbeitende – in gewissem Grade sogar jeder Mensch, der nicht ganz auf Meinungsfreiheit, Vernunft und noch ein paar ähnliche Kleinigkeiten verzichten mag – gegenüber sieht; enge ich also das – nu ja'chen, disons le mot – ›Problem‹ um einen Grad weiter ein, auf den *Schriftsteller*; (und ab hier beginn' ich Fachmann zu werden; hiervon versteh' ich was).

Da sind denn die Schwierigkeiten, mit denen unser Beruf unnötig reichlich umstellt ist, schon rein äußerlich von der Art, daß eine robuste Gesundheit dazu gehört, sie alle zu überleben; denn ›gefördert‹ wird ein wahrhaft guter Schriftsteller nicht, von Niemandem, nirgends, & nie.

›Bei Uns‹ ist es genau so, wie in der DDR : beiderseits ›regiert‹ die welt=anschaulichste Empfindlichkeit : Ist man bei uns gottvergiftet und prüde; so drüben prüde und barbarisch=einfältig – wenn ich mir die Urteile des DDR=Lexikons oder der Sowjetenzyklopädie über Männer wie Joyce oder Freud angucke, sträubt sich mir das bißchen Grau=Haar : ›Der Arbeiter‹ ist doch genau so wenig das Maß der Literatur, wie ›Der Geistliche Herr‹! (Und Beiden wäre zu bedeuten, daß es ihnen zunächst 'mal ganz gleichgültig zu sein hat, und gar nicht ›Das Entscheidende‹ ist, ob ein Schriftsteller KARL MARX besingt oder die JUNGFRAU MARIA – mit welchem Diktum ich es wieder einmal mit sämtlichen Parteien verdorben haben dürfte : au fein! Ein Ausruf bei dem es sich weder um ›Schnodderigkeit‹ noch um Épatierungssucht handelt; sondern eine Variante des GOETHE'schen ›Ein Kerl, den *alle* Menschen hassen : Der muß was sein!‹.) Und die Folgen der geschilderten ›Einstellung‹ der Regierungen sind denn eben auch mit Händen zu greifen : in der Sowjetunion stellt sich ein Ministerpräsident hin, und verfügt, daß der Schriftsteller keine Literaturpreise vom Ausland annehmen dürfe – wozu der Kerl (der Ministerpräsident) nicht das geringste Recht hat; es sei denn, er zahlte dem meist= Armen sofort dieselbe Summe auf den Tisch des Fachwerkhäuschens. Während sich bei Uns ein Außenminister hinstellt, und dekretiert, daß Bert Brecht gar kein ernstzunehmender Dichter sei – wovon der Betreffende (der Außenminister) den Teufel etwas verstand, was ja auch gar nicht seines Amtes war, und nur seine Urteilsunfähigkeit auf diesem Gebiet überflüssig dargetan hat. Oder wenn ich mir ›rechts‹ das Schriftstellerlexikon des Verlags Herder (ich besitze es übrigens nicht) und ›links‹ das des Volksverlags Weimar (ich besitze es) hinlege – ja, ich schwanke noch heut, wem hier die Palme der Vernageltheit gebührte; denn ich meine immer : wenn ich mich über Literatur informieren möchte, dann will ich doch weder Kirchengeschichte lesen, noch die des Klassenkampfes.

Nun hat zwar neulich ein logisch besonders begabter Journalist öffentlich bewiesen : wenn die Herren Schriftsteller es sich herausnähmen, über Regierung und Politik in der bekannten unverfrorenen Weise herzuziehen; dann wäre die Regierung=ihrerseits doch wohl auch befugt, über die Schriftsteller abzuurteilen : GLEICHBERECHTIGUNG, eh?! Der Betreffende (und ich weiß den Namen tatsächlich nicht mehr, sonst würd' ich ihn schon hersetzen) hat, unter anderem, 2 Kleinigkeiten übersehen; nämlich

a) daß die Aktion jedes Einzelnen, ob in Ost oder West, MUT erfordert : eine Demokratie ohne Widerspruchskünstler ist keine, und

b) daß das *›Urteilen‹ von Regierungen,* gleichviel welcher Farbe, insofern die weitesttragenden Folgen für Schriftsteller hat : als Jene Preise, Stipendien, Unterstützungen, Fördererprämien verteilen; kurzum ›Fonds‹ zur Verfügung haben, die ihnen mühelos ermöglichen, die ihnen hörige, schreibende Mittelmäßigkeit zu finanzieren; während die wahrhaft guten Autoren sich zuschanden arbeiten müssen, (und überdem noch nach Kräften verhindert werden : sei es, daß man sie durch Prozeßandrohungen einzuschüchtern versucht; oder die ›unangenehmen‹ Zeitschriftchen, an denen sie Mitarbeiter sind, abwürgt oder aufkauft : dafür ist Geld da – wenn auch nicht ganz so viel, wie für alte Panzer und neue Bischofsstühle. Oder Fernsehmasten.

3

Was nun zwanglos überleitet, zu meinen persönlichen, ganz=speziellen Schwierigkeiten. – Eine davon heißt eben, so schockierend es kunstsinnigen Langohren auch klingen mag : GELD!

Die Einnahmen aus meinen bis jetzt zehn Büchern sind so gering, daß ich davon allein durchschnittlich einen, höchstens zwei Monate im Jahr existieren könnte; folglich muß ich – da ich weder ›Gottsucher‹ zu werden, noch vom ›Primat des Arbeiter= und Bauernstandes‹ zu schwärmen gedenke – in größtem Stil Brotarbeiten annehmen. Was für mich meist ›Übersetzen aus dem Englischen‹ bedeutet, (das sind nun auch schon 15 Bände); eine Tätigkeit, die, wenn man sie gut machen will, – und ich *geb'* mir Mühe! – aber eben auch mit fast völliger Aufzehrung der Aufmerksamkeit verbunden ist, und für intrikate eigene Themen die erforderliche Energie nicht mehr übrig läßt. Da nun einerseits die formalen Schwierigkeiten der 2 Bücher, die zu schreiben ich allenfalls noch vorhätte, – und wenigstens *das* wird mir ja wohl auch mein enragiertester Gegner bescheinigen : daß ich mich auf einem unvergleichlichen Holzweg in Richtung Unverständlichkeit befinde – so groß sind, daß ich an dem ersten 3–5, dem zweiten, na sagen wir 7–10 Jahre zu basteln hätte; und ich andererseits nicht mehr als 10–15% meiner Zeit darauf verwenden kann – tcha; da werde ich zu besagten beiden umfangreichen Stücken schwerlich noch kommen. Und damit bin ich bei meiner letzten aber größten, ja, allumfassenden Schwierigkeit angelangt, der ich mich, wie das Aufsatzthema heißt, ›beim Versuch, die Wahrheit zu schreiben, gegenüber sehe‹. –

Zuweilen hat man es nicht nur genehmigt, sondern sogar eingesehen, daß ein Unterschied besteht, zwischen ›reiner‹ Mathematik, und ›angewandter‹; aber die Bereitschaft, der Literatur das gleiche zuzubilligen, habe ich so gut wie noch nie angetroffen. Es sei hier also einmal ausgesprochen, daß das Problem der heutigen (und künftigen) Prosa weder der feinsinnige noch der originelle noch der schockierende ›Stoff‹ ist – der ist dem ›Reinen‹, es mag kurios klingen, völlig uninteressant – sondern die übrigens längst fällige, systematische Entwicklung des Gerüstes, also die Anordnung der Prosaelemente, sowie deren Durcharbeitung und Verfeinerung selbst; wodurch in letzter Instanz weiter nichts erreicht werden soll, als eine präzisere Abbildung der Welt und des Menschen als bisher : *GRÖSSERE WAHRHEIT!*

Zum Exempel bietet ein, bisher ganz ungenügend angegangenes (geschweige denn bewältigtes), Problem die überzeugende Wiedergabe des, jedem Menschen bekannten, ›Längeren Gedankenspiels‹ – also etwa wenn der weibliche Lehrling im Kaufhaus sich, nach der Formel ›Si j'étais Reine‹, vorgaukelt : sie wäre eine berühmte Tänzerin; und diese tröstliche ›Vorstellung‹ ein paar Wochen lang weiterführt. Es handelt sich dabei um einen, Jedermann geläufigen, offizi*n*ellen Vorgang; und er ist auch allgemein erkannt und genehmigt worden, obwohl seine geläufigste Bezeichnung als ›Tagtraum‹ schief, ja unhaltbar ist : das Längere Gedankenspiel liegt imgrunde, als sehr merkwürdiges Sondergebiet für sich, zwischen ›Traum‹ und ›Kunstwerk‹. Da ergibt es nun das allerinteressanteste, und eben gar nicht nur literarische Gemisch, das Zusammen= und Durcheinanderspiel des Alltags eines Menschen mit seinem Längeren Gedankenspiel getreulich abzubilden. Genau und rücksichtslos – also, mit anderen Worten : WAHR! – vorzuführen, was aus der Realität in die betreffende Seifenblasenwelt übernommen, beziehungsweise fantastisch ›berichtigt‹ wird à la ›corriger la fortune‹. Auch, wie dann, von einem gewissen Entwicklungsstadium des Längeren Gedankenspiels an, der Prozeß sich dahingehend erweitert, daß mutuelle Beeinflussung der beiden Erlebnisbereiche stattfindet.

Um dem Leser die Einsicht in die wechselseitige Durchdringung dieser beiden Welten zu erleichtern, ist es erforderlich, bestimmte Druckanordnungen zu entwickeln, die ihm das Nachvollziehen am schnellsten erlauben – sein Buch *absichtlich unverständlich* macht nur der Narr oder der Scharlatan! – Hier breche ich ab; war es doch nur mein Bestreben, eine ganz geringe Ahnung von den Schwierigkeiten des ›Reinen‹, ›beim Versuch die Wahrheit zu schreiben‹, zu vermitteln.

Eines allerdings wird man – ich bitte ja nur um ein Ünzchen guten Willens – nun vielleicht schon etwas besser verstehen : nämlich meine, im Vorstehenden bereits ein Mal angedeutete Einstellung, daß der ›Inhalt‹, der dem Leser das Wichtigste däucht, für mich eine drittrangige Frage ist, (die erste ist das Gerüst; die zweite die Oberflächenbehandlung, das ist ›die Sprache‹). Darüber hinaus bestrebe ich mich, lediglich meine Umwelt möglichst präzise abzubilden – aber schon das ist unsern west=östlichen Diwanisten unerwünscht; man kann's ja auch verstehen. Wenn in meinen Büchern etwa ›Die Sexualität‹ 5 bis 10 % einnimmt, dann ist das weniger, als bei den meisten Menschenferkeln, die sich gar nicht darüber beruhigen können, daß ich einen Spaten einen Spaten nenne : (es scheint fürchterlich schwer zu sein, hier Normalität ganz schlicht einzugestehen). Nicht minder lächerlich ist es, von mir zu verlangen, daß, wenn ich, sagen wir einen kommunistischen Fernlastfahrer auftreten lasse, Der sich nun nichts schöneres kennen dürfe, als die ›Unbefleckte Empfängnis‹ zu demonstrieren und beim Namen ›Adenauer‹ jedesmal ehrerbietig sein Mützchen abzuziehen : *Der tut das nicht!* (Wunderlich, vielleicht; aber es ist so.) Frage : darf ich da ›So Einen‹ überhaupt nicht porträtieren? Oder ist das eine bloße Sache des Längengrades? (Denn wenn ich in der Mark Brandenburg wohnen müßte, würde mir ja womöglich offiziell aufgegeben, eine Type der Art zum ›Helden‹ zu erkiesen.) Also das=Alles sind Skrupel, auf die ich wirklich nicht mehr eingehen kann, wie man vielleicht eingesehen haben wird : ich bin meine Arbeitskraft ernsthafteren Dingen schuldig. Als da sind Prosaexperimente; und Untersuchungen über Wort=Ausläufer & =Stecklinge.

4

»Alles, was bei uns in Preußen in geistigen Dingen geschieht, ist roh, kommissig, urdämlich!«, hat einst der alte FONTANE sein Urteil über den Staat, in dem er leben mußte, zusammengefaßt. Hätte er für ›Preußen‹ : ›Deutschland‹ gesetzt, wär's eine bedeutende Wahrheit gewesen. (Und wäre ihm gar die ›Welt‹ eingefallen – tcha dann wär's ja ein glattes ›Axiom‹ geworden!). –

– : ›Schwierigkeiten‹ ....

EINES HÄHERS »: TUÉ!« UND 1014 FALLEND

1

Ich=für=mich – und bei Stellungnahmen dieser Art ist Subjektivität Ehrensache – habe mir alles, was in TB=Form[1] auftritt, seit langem schon in 4 Klassen eingeteilt; und, daß ich es nur frei heraus sage : *keine* davon taugt sonderlich viel. –

Trotzdem habe auch ich in dieser Gattung, selbstredend, meine relativen Lieblinge. / Angefangen beim ›König‹ SAMUEL PEPYS – : »1 seidenen Frack gekauft, der mich viel Geld kostet; anschließend zu GOtt gebetet, daß er mich instand setzen möge, ihn abzuzahlen.« – bedeutendere, in Deutschland noch ganz ungekannte Stellen zu zitieren, verhindern mich unsere g'schamig=verschmitzten Pressegesetze. / Oder – : »Heute angefangen ein neues Leben zu beginnen« – *7 Jahre* war der Glasfratz, die windsige MARGARET FLEMING, die von SCOTT verhätschelte, an dem Tage alt! – »& gelobt, künftig Isa Keith zu gehorsamen. Auch hoffe ich noch einmal gläubig werden zu können – aber was meinen guten Ruf wieder herzustellen anbelangt, so verzweifle ich daran : habe ich doch vorhin 1 Wort & *sorgfältig* ausgesprochen, das einer Lady selten oder nie über die Lippen kommen sollte – es bestand darin, daß ich John als ›unverschämten Misthund‹ bezeichnet habe.« / Und wenn ich in meinem bißchen Bücherhaus den Blick so über die Regale mäandern lasse –, – : da setzt, hinten in der Ecke, MARIE BASCHKIRTSCHEFF theatralisch ihre beste foot foremost. / Weit ›näher‹ (in jeder Beziehung) steht mir unser deutsches, geschlosseneres & doch auch gewichtigeres ›TB eines halbwüchsigen Mädchens‹ – ein Taschenbuch davon wäre überfällig! – : »Ich hab das Fräulein an der Kassa gefragt, wer die wunderbare Schlittschuhläuferin ist : sie heißt wirklich Anastasja Kla-

1 TB: Abkürzung für Tagebuch (Anmerkung des Herausgebers)

stoschek & wohnt in der Phorusgassen; aber wie alt sie ist wußte das Fräulein nicht – Dora behauptet natürlich, sie sei schon 26 : lächerbar! 26! so uralt ist sie bestimmt nicht. Erst als ich dem Fräulein sagte : ich möchte das *nur* für mich wissen, schaut sie im Buch nach, (weil ich nämlich die Nummer von ihrem Garderobenkasten weiß : ›36‹ – das ist eine so schöne=feine Zahl; die hab ich so gern; ich weiß eigentlich nicht, warum, aber wenn man sie sagt, so ist es immer, als ob ein Eichhörnchen im Baum herumspringt. – Die Hella hat mir übrigens 1 furchtbares Gedicht gezeigt vom Schiller : ›Ertappt ich sie im Bade, wie schrie sie da um Gnade ... zu Gottes freiem Ebenbild, darf ich den *Stempel zeigen, woraus das Leben quillt.*‹«. / Oder wie steht nicht für Kenner – tja; wo sind sie? – mit 1 Zuge der ganze Mann da, wenn ich bei COOPER lese : »18.1.48, Dienstag. Apostelgeschichte. Schlechte Nacht gehabt, weil Zwieback aus Boston gegessen : Yankee=Ware bekommt mir nie! Gegen Morgen leichtes Schneetreiben; aber nicht genug, um die abgetauten Stellen wieder zu bedecken. Spaziergang ›Großer Fauler Mann‹ : hat man doch tatsächlich den Hain verhunzt! Ist nunmehr angeblich ein Mahnmal von des Volkes ›Freiheitssinn & Ehrlichkeit‹ : ich kenn' die Brüder; eher würd' ich mich auf Sträflinge verlassen! 10. Kapitel von ›Openings‹ beendet : dies Buch ist wahrlich keine Liebesmüh, man bloß Müh. Abends Schach mit Frau. Beim 2. Mal eines ihrer Blitz=Matts, Ruck=Zuck! (1 solcher Sieg versetzt sie für den ganzen Abend in gute Laune; ich seh' das *zu* gern. – Wird übrigens merklich fetter; ist aber reiner Mangel an Bewegung in frischer Luft.« Wäre nicht das mürrisch erwähnte Buch=Manuskript, man könnt's fast gut=bürgerlich & tout comme chez nous nennen, wie?

Genug gelobt jetzt; ja, eigentlich schon zu viel. Also gleich die Dusche drauf : das TB ist, neben dem süchtig=breiten Briefeschreiben, die beliebte Äußerungsform des lebenslänglichen Dilettanten; und das Beste, was es bewirken kann der periodische Entschluß : es zu verbrennen!

2

Die Einzigen, die wirklich ehrlich, ›aus Gründen‹ hinter TB's her sein werden – ähnlich wie angeblich der Teufel hinter 1 armen Seele – dürften die professionellen Vergangenheitslüsternen sein; also Historiker & Biografen. Nach Verlauf einiger Jahrhunderte nämlich gewinnt auch das platt=sinnigste TB einen zeit= & kulturgeschichtlichen Wert, der ihm an sich *nicht* eignet. Dies also sei hier gleich subtrahiert : daß wir selbst das Gelalle eines geistig Armen heute mit Gold aufwiegen würden, bloß weil's aus dem mittleren Magdalénien stammte – völlig richtig; aber es wäre eine Richtigkeit, die nichts mehr mit Literatur zu tun hätte; und um die geht's zur Stunde.

Um ein TB so recht zu führen, muß man, was oft in dieselbe Zeit zu fallen pflegt, entweder sehr jung sein, oder unangenehm große Stücke auf sich halten – eine Seelenlage, für welche die TB's von Unterprimanerinnen genau so zeugen, wie die entsprechenden Ergüsse von Papst & Kaiser Nr. So=&=so : Einer wie der Andere streben sie nach Goldmedaillen im Reiche der literarischen Demut! Ich weiß wohl, daß ich mir ganze Pulks von Feinsinnigen damit auf den Hals hetze, wenn ich ihre Anhäufungen von handgemalten Buchstaben über Süße Nichtigkeiten, als ausgesprochene ›Schülerszenen‹ bezeichne; als ein brustschwaches Liebäugeln mit ›Dem Druck‹ – :

»Dies hier ist kein Tagebuch oder Journal, das um des Aufbewahrtwerdens oder um der Veröffentlichung willen geschrieben wird« –

eine Beteuerung, die so maschinenmäßig zu erscheinen pflegt, daß sie diese Übersetzung erlaubt : ›Oh möchte man mich doch recht sehr drucken & verehren; aber gleich aber gleich aber gleich!‹ : das würde das nichtsnutzige Bedürfnis eingestehen, das darin liegt, sich=selbst, so mit 18–19 – es können aber, leider, genau so gut 80–90 sein! – als wandelndes Reliquiarium voll Heiliger Gebeine zu verehren.

Einen netten Beleg für die Bezeichnung des Tagebüchlers als

eines ›verhinderten Schriftstellers‹ ergibt die Erscheinung, daß so Viele von ihnen, so kurios gern aus ihren Eintragungen vorlesen – schon KELLER, im ›Sinngedicht‹, hat parodisch auf das gezierte Fänomen hingewiesen – woraus folgt : daß es sich um imgrunde beifallshungrige, knospende Autoren=Quappen handle. (Und die peinliche Berührtheit der höflich=Lauschenden nimmt zuweilen mitleidswerte Formen an : was erwartet sich der schön=Betreffende eigentlich? : daß man anschließend applaudierend auf ihn zusprinte : »Oh Du tiefer, Du aparter Mensch Du=Du!«? – Die 1 hier zu entschuldigende Ausnahme erwähne ich vielleicht noch.)

Ganz generell : Fortuna bewahre uns vor all den kahmheutigen abgestandenen hartleibig=unverarbeiteten Nicht=Materialien! (Einzig bei Dem, den vor seinen eigenen Eintragungen, etwa 1 Jahr später, Ekel überkommt : *bei Dem ist durchaus noch Hoffnung!*).

Denn, all meine sabberdlichen Damen & Herrn : das ist eines der zu bekämpfendsten volksthümlichen Vorurtheile, daß das TB besonders ›ehrlich‹ sei! Fein umgekehrt ist's : nahezu *alle* Menschen sind gewohnt, aus Gründen der Selbsterhaltung also zeitlebens, mit sich im Ton innig=ausführlicher Verlogenheit zu verkehren. Hübsch unbewußt natürlich, wie sich's geziemt; aber dennoch. Das TB ›spontan‹? – ajá=sicher; ebenso spontan, wie sich, & gerade im Umgang mit sich=selbst, prompt Verstellung & Geltungsbedürfnis einzustellen pflegen. ›Ehrlich?‹ ist 1 unter 10.000, das wußte schon HAMLET; und ich ergänze : Keiner von Diesen wird, vorsichtshalber, ein TB führen! –

Die Große Literatur ist weitweit ehrlicher, denn jegliches TB! Wie Dem, der noch nicht zu abgenützt ist zum Studieren & entzückt=Hinhören, der ›Odysseus‹ des JAMES JOYCE dartun kann; (im Vergleich zu dem ›Vater HOMER‹ doch allmählich als wesentlich dünneres Licht erscheint). Daß ›Der Roman‹ seit geraumer Zeit, den Anspruch der umfassenderen Aufrichtigkeit erheben kann (mit dem das TB sich nur *brüstet*), hat mehrere Gründe; von denen jedoch jeder einzelne zureichend wäre. Die Hälfte des 1 hat sich schon STANISLAUS JOYCE, der wohl größte Diarist unsres Jahrhunderts, an seinem leiblichen Bruder abstrahiert :

»Jim gilt allgemein als äußerst freimütig in Bezug auf sich selbst. Aber seine Schreibweise ist von der Art, daß man sehr wohl behaupten könnte : er beichte in fremden Zungen – eine leichtere Art zu beichten, als in der normalen Umgangssprache.«

In Wahrheit liegt es so, daß ein Autor selbstverständlich größere Teile seiner Persönlichkeit in seinen Büchern deponiert, (und sich ergo langsam in sie auflöst) : *aber niemals 100=%ig!* Das liegt simpel daran, daß *kein Mensch* auch nur zu 1 Drittel abbildens= & erhaltenswert wäre : Derjenige, der es zu 1% ist, schon Er ist 1 Erlesener unter 100! Meist wird von Jedem nur 1 Redensart brauchbar sein; 1 Grimasse; das 1 oder andre Kleidungsstück & wie er=sie=es trug – weswegen es dann immer so wehmütig=komisch wirkt, wenn Jemand diese=seine 1 Redensart erkennt; und sich sogleich bemüßigt fühlt, freudig (oder auch piquiert) aufzuschreien : »Ach; der Beträffende, das bin ich?!« – Neenee, mein Lieber. : *Hundert* Deines Typs, sorgfältig durch 20 Jahre notiert, gesammelt & arrangiert, ergeben – vorausgesetzt, daß es *sehr* fleißig & geschickt gemacht wird – 1 der Nebenpersonen. (Wenn man sich, Jahrzehnte hindurch, geschult hat, derlei isoliertes Mikro=Detail zu beobachten; die Beobachtung in Worte zu verwandeln; das Ergebnis geduldig aufzubewahren, bis der betreffende Typ konzentriert beisammen ist – dann kann man, mit geübter Hand, einen Umriß drum=herumziehen. Auch Fehlendes möglichst klug ergänzen.) Und hier, bei solchem Verfahren, kann ›Die Wahrheit‹ durch wesentlich breitere Vorder= & Hintertüren einfließen : der Autor ist, und nicht nur von seiner eigenen Persönlichkeit, parziell befreit; und hat zumindest die Chance, in direkter Schöpfer=Konkurrenz, gewalttätig=ehrlich zu werden.

Vielviel ehrlicher, als es dem, unzureichend auf sich=selbst=allein eingestellten Tagebüchler, bei seinem ungelernten Schwänzeltanz vorm papiernen Spiegel, durchführbar ist.

3

Eines der nicht zu überwindenden Handicaps des TB=Schreibers also die mangelnde Einsicht : was sind die an mir wichtigen 1%?; und wie wären sie am besten=brauchbarsten zu formulieren? –

Das zweite, künstlerisch noch weit verhängnisvollere Manko aber ist dieses : *das TB wäre ein Es=sich=leicht=machen eines Autors!*

Ein ›Mineralien=Kabinett‹ : das kann hinreißend sein in seiner glitzernden Buntheit; nichts als Erzstufen Drusen Bergkristalle. (Womöglich noch etwas nicht=dekoriert in Nebenräumen ausgelegt; unter staubichte Glasscheiben; wo ja denn sofort noch Mitleid & kleine Entdeckerlust des Beschauers ins Spiel kommen : Welch grünäugig=verführende Patina!; welch ein ›Reiz der Oberfläche‹!)

Aber jetzt komm' ich wieder : ich habe, bei diesem neuen Gleichnis, bereits die höfliche Voraussetzung gemacht, daß die o.a. funkelnden 1% bereits aussortiert seien. Ja, aber selbst was *dann* herauskommt, ist doch immer noch nicht mehr, als ein gemütliches Halb=Chaos! : man darf die Stückchen um einander legen wie man will : *nie wird eine Statue daraus werden*; ja nicht einmal 1 Haus! Gar nicht, daß ich dem Zufall seine Dignität bestreiten möchte, über unser Da=Sein zu verfügen – das tut er bekanntlich von der 1. Zehntelsekunde an : »Man nimmt sich mal nicht recht in Acht« – aber im *Kunstwerk* hat der Zufall je weniger desto besser zu suchen : ein bißchen gelungener wollen wir es ja nun doch wohl machen, als jene jehoviale ›Und=siehe=es=war=alles=gut‹=Schule.

Mit anderen Worten : ein TB *muß zwangsläufig* ungeordnet ausfallen : dem Kismet ist das ziemlich wurscht, ob Einer seine Freundin vor oder nach dem Examen, am 1.8. oder am 17.2. ›zu sich nimmt‹ : der Verfasser, der sich als mögliches Fachwerk für sein Buch das TB wählte, kapitulierte damit vor dem Form=Problem. Das TB ist das Alibi der Wirrköpfe; ist einer der Abörter der Literatur!

Es gibt bekanntlich deren mehrere. Eins ist der ›Reiseroman‹

à la KARL MAY : die Schnurren fallen dem Schludrian zu, von Augenblick zu Augenblick; und seien sie noch so putzig, sie könnten, ohne die Qualität des Ganzen zu schädigen, genau so gut in ganz anderer Reihenfolge stehen –

: *aber damit ist ein Kunstwerk gerichtet!!* Das Gleiche gilt für den beliebten ›Entwicklungsroman‹, der auch nichts ist, als die Entschuldigung für einen fehlenden Plan – es ist schon unverschämt, was man dabei an Arbeit spart! (Das ist 1 der berechtigten Vorwürfe, die man GOETHE's Prosa=Produkten machen darf : streckenweise sehr hübsche Oberflächenbearbeitung; das Ganze jedoch ein ›Mineralienkabinett‹; nichts weiter. Wie ewig belehrend, den Fachmann fördernd, hier, bei der Frage des großen Gerüstes, etwa des vergessenen GUTZKOW ›Ritter vom Geist‹!).

Besonders belustigend wird's natürlich, wo gleich 2 dieser Unzureichlichkeiten kollidieren : welche Grade von Selbstverehrung plus Formschlamperei dann erreicht werden können, tut unübertrefflich GERHART HAUPTMANN's ›Griechischer Frühling‹ dar :

»Ich befinde mich auf einem Lloyddampfer im Hafen von Triest« – oh, glückliches Triest! – »Zur Not haben wir in Kabinen 2. Klasse noch Platz gefunden. ... Es ist kein Tee zu bekommen, trotzdem ich, wärmebedürftig wie ich bin, mehrmals darum ersuche. Die Einrichtungen hier halten einen Vergleich mit dem Norddeutschen Lloyd nicht aus. ... Ich finde einen bequemen Sitzplatz, einigermaßen geschützt vor dem Winde. Ich schließe die Augen. Ich versinke gleichsam in die Geräusche des Meeres. Das Rauschen umgibt mich. Das große, das machtvolle Rauschen, überallher eindringend, unwiderstehlich, erfüllt meine Seele, scheint meine Seele selbst zu sein.« –

: och; ›Nachbar, Eure Flasche!‹.

Ich empfehle das unsagbar armselige Geschwafel sowohl als Lach=Vorlage, als auch zur Rektifizierung der Meinung, daß ein, in gewissen Teilen seines Gesamtwerks durchaus achtungswürdiger

Autor, dies nun auch auf *allen* Gebieten der Literatur sein müsse. Die Anreicherung der Oberfläche versteht sich schriftstellerisch von selbst; und ist so wenig das Letzte Wort der Kunst, daß sie vielmehr zu den handwerklichen Voraussetzungen gehört, ohne die man die Feder gar nicht erst anzusetzen brauchte. Denn um ein wirkliches Voll=Kunstwerk hervorzubringen, hat eben Dreierlei zusammenzutreten :

1.) ein bedeutender Inhalt – wobei die ›Bedeutung‹ davon abhängen wird : inwieweit ist es dem Autor gelungen, den Mythos hintanzuhalten? Denn ›Mythos‹? : ich will Ihnen verraten, was das ist : die verarmte, gebleichte, *gerupfte Reiche=Alltäglichkeit!* –

2.) eine interessante, nicht=auszustudierende Oberfläche; durch Jahre hindurch poliert & genarbt : in allen Spalten Winkeln Ritzen muß, bei jeder neuen Lektüre, Immerneues sichtbar werden.

3.) muß unter Alledem ein klares, architektonisch=pointiertes Gerüst stecken, *schön vor lauter Folgerichtigkeit : das* sollte nie sein dürfen, daß man selbst kleinere Absätze, innerhalb des Textgefüges umstellen könnte, ohne dadurch dem Ganzen nicht sogleich spürbar zu schaden. (Jungen Kollegen sei hier, nebenbei, einmal CHARLES DICKENS' ›Bleakhouse‹ zum Studium empfohlen.)

4

Ich schlug eingangs, zur groben Vorsortierung, 4 Sorten von TB's vor – die erste davon, das sogenannte ›echte TB‹, glaube ich hinreichend diffamiert zu haben. Folge nunmehr also die zweite, das künstlich=hergestellte TB : ob *das* eine ernstzunehmende literarische Form sei? – Meine Antwort – man wird sie ahnen – : nichts da!; noch die relativ=besten Exempel hier sind Schofel.

Ob POE's ›Julius Rodman‹; ob TURGENJEFF's ›Tagebuch eines Überflüssigen‹; ob WILLIAM COBETT's ›Rural Hours‹ – man sieht : ich nenne wahrlich bedeutende Stücke! – sie alle laborieren an der getadelten unerfreulichen Leichtigkeit des Zusammenfabulierens, gemäß jener verruchten Maxime des ›Ich singe wie der Vogel singt‹. Folglich derber & gleichzeitig richtiger : der Willkür eines entweder erschöpften oder aber unfähigen Autors, der sich instinktiv in einfältiglich=flink hinzuschmirakelnde Primitiv=Formen der Prosa flüchtet. Vielleicht werde ich ja verständlicher, auch ›überzeugender‹ – ich gestehe, daß mir daran liegt! – wenn ich die hier vorhandene ›andere Möglichkeit‹ kurz exemplifiziere :

von den 5 BRONTË's – 1 Vater plus 4 Kinder; die Alle ›schrieben‹ – hat uns ein Gutesglück das vielleicht seltsamste (und in Deutschland so gut wie unbekannte) aller Literaturerzeugnisse aufbewahrt : *ANGRIA*. Das ist ein ›Längeres Gedankenspiel‹, ein über 12 Jahre fortgeführtes Tröst=Einsamkeit des Geschwisterpaars CHARLOTTE & BRANWELL – das parallele, wahrscheinlich *noch* bedeutendere, der beiden andern Schwestern, EMILY & ANNE, ›GONDAL‹, scheint leider verloren; zumindest ist es noch verschollen. Hier wird, auf circa 10.000 Druckseiten ein Utopisches Reich geliefert; mit neuer Geografie, Ländern Städten Dörfern, Wüsten Mooren Süßen=Ödnissen; mit Neuen Religionen, zentriert um 4 ich=gerechte Groß=Genien; und einer unglaublich bunten & dramatisch=lustigen Personenfülle. All=das beschrieben mit, im Lauf der Zeit sich immer mehr übender Hand; bis am Ende ganze Ketten blankster Kunstwerkchen entstanden sind; in deren Gestalten man ›Vater Mutter Schwestern Brüder‹ & überhaupt die halbe Einwohnerschaft von Haworth erkennt; so nett & satirisch – eben ›frei geworden‹! – behandelt, wie ein TB es niemals zu leisten vermocht hätte. Wie steif & dürftig nämlich hätten nicht tagebüchene Eintragungen über die ›Realität‹ von 3 ›Pastorentöchtern‹, hoffnungslos=gottvergifteten, ausfallen müssen! Und *wie grandios,* wie ›Prinzessin Brambilla‹=mäßig, hat nicht der Große Traum von ANGRIA ihre Geister freigesetzt! Hier, in diesem Schatzhaus für Pädagogen Psychologen Kunst=Theoretiker & =Praktiker, ist der Beweis direkt zu haben : daß es sich beim TB um eine inferiore, puerile Bemühung handelt, der Welt durch das Wort habhaft zu werden.

5

Die 3. Klasse, die ich mir zur Durchleuchtung des Themas zurechtgemacht habe, ist nur scheinbar ein nochmaliges Zurückschalten auf den Standpunkt des ›natürlichen TB‹ – es gibt hier 1 Möglichkeit, die zwar immer noch an der gerügten, zufallsbedingten Deformation krankt; aber doch wesentlich weniger egozentrisch & dafür scharfäugiger rücksichtsloser künstlerisch=pointierter sein kann : *das TB, das Jemand über einen Anderen führt!*

Das ist nun freilich eine sehr seltene Erscheinung; muß man doch als fundamentalstes dahin gelangt sein, in sich selbst *keinen* so überschwenglich großen Menschen mehr zu erblicken – was weit schwerer ist, als es sich hier in der Schnelle anhört – muß in Haßliebe, kritisch plus verehrend, fixiert sein an den Betreffenden; und muß selbst auch die annähernd gleiche Blutgruppe haben, (immer abzüglich der Schöpferkraft, versteht sich). Das hierzu erforderliche Geistes= & Gefühlsgemisch ist, literärhistorisch nachweislich, wirklich sehr selten beisammen : das Auge des Feldmessers im Reporterhaupt & darunter die mitstenografierende Hand; die stündlich neu sich schmerzhaft vorzusagende Einsicht in das eigene kritikerkurze Wenig & das so fremd=vertraute beträchtliche Etwas; das jahrzehntelange peinliche Pendeln zwischen den Prinzipien von der halbverschluckten Schmähung, und der immer=unvollendeten Bewunderung; zwischen unwillig=schludrigem Dienen und genüßlichem in den Hintern treten – und für Beides kann man, je nach Stimmung & Situation ganz respektable Gründe anführen : ›Wenn man's so hört, möcht's leidlich scheinen.‹ Der Fall ist, wie gesagt, für alle Beteiligten schwierig, auch selten; das Ergebnis jedoch hat die Möglichkeit, sich der unteren Grenze zum Kunstwerk hin ganz entscheidend zu nähern; (bringt man noch die unschätzbaren biografischen & psychologischen Werte mit in Anschlag, wird man fast jedesmal die Aufnahme des Stückes in die Hochliteratur befürworten können). Ich brauche nicht erst den Namen BOSWELL zu nennen; ein klassisch geratenes Stück, obwohl es sogar noch an dem Nachteil laboriert, daß der Beobachtungsgegenstand, der dicke Doktor JOHNSON mit nichten zur 1. Autorengarnitur zählt. Aber darauf möchte ich hinweisen, daß gerade wir heut=Lebenden, Zeugen eines weiteren dieser doch säcular=raren Spectacel sind; und zwar infolge der – leider noch etwas zögernd=tröpfelnden – Veröffentlichungen des STANISLAUS JOYCE über seinen großen Bruder JAMES : *das* gehört zu den allerobersten Spitzen, die das – ja, nun kaum noch ›TB‹; grenzt es doch sowohl an die Biografie, wie an die Hochliteratur=allgemein – überhaupt erreichen kann : beten wir, die der Dichtung & des Studiums der Gehirntiere Beflissenen, darum, daß die ›Triestiner Tagebücher‹ uns nicht mehr allzulange vorenthalten werden mögen!

Und *das eben* ist nun auch *die* Sorte, aus der man allenfalls & ab & zu vor sich hin vorlesen darf – da höre dann auch ich hin; wenn es mit Maßen geschieht & mit boshafter Redlichkeit.

6

Nach solcher pauschalen Ablehnung des TB, ob in den Unformen des Privatissimum oder der neckisch verkobolzten Fiktion, scheint mir der Zeitpunkt genaht für – ja, nicht das ›Geständnis‹ : *das* wär' auch so was! – sondern für die Mitteilung, daß *ich* ein TB führe; (und Jeder=Jede feixe getrost durch die feine Nase).

Es kommt nämlich wieder mal *ganz* anders; habe ich es doch im Casus der BRONTË's bereits implicite ausgesprochen : daß beim Berufs=, beim Groß=Autor, speziell dieses Ventil sich schlicht schließt; zumindest charakteristisch verengt. Der Gründe hierfür sind ebensoviele wie überzeugende. Etwa der, daß man sich nun einen, ums vielfache größeren geistigen Spielplatz erarbeitet hat, auf dem man zwar ›absolut frei‹ auch nicht schalten kann – zumal wenn man, wie Laien pflegen, den Ausdruck mit ›genialer Willkür‹ übersetzt – aber man vermag jetzt immerhin dem, das Kunstwerk verhindernden ›Diktat der Ereignisse‹ die Allein=Tyrannei dadurch zu entziehen, daß man deren Reihenfolge entscheidend ändert. Sie, genau passend, zu Großmosaiken zusammenlegt – und das 1 Farbstiftchen hat man vor 20 Jahren gefunden & aufbewahrt; und, siehe da!, *heute* lag am Wegrand 1 : das ist der ideale Nachbar jenes alten=unveralteten! Nüchtern formuliert : aus dem hausmachernen ›Eintopf‹ des TB – : ich denke nicht daran, den breiten Bettelsuppen mit einem ehrenvollen ›Chaos‹ zu schmeicheln! – aus ihnen wäre das unsägliche Wasser zu entfernen; und die verbleibenden, zum Teil recht schmackhaften Bröckchen, auf diverse, gleichzeitig nahrhafte & pikante Schüsselchen zu verteilen.

Ein weiterer, ebenso gewichtiger Grund ist der folgende : wenn ich mich, nach täglich 12–16=stündigem Pensum, abends vom literarischen Kontorschemel erhebe – also dann kann ich kein Schreibzeug mehr *sehen*! Hinzukommt, daß man ja auf seine Arbeiten tagsüber sowieso & immerfort die ein= & andre Prise seiner Persönlichkeit verteilt hat, zuweilen in so umfangreichen Portionen, daß abends einfach nichts mehr übrig ist. Da muß man schon wählen : ob man Schriftsteller sein will; oder aber ›Persönlichkeit plus Lebenskünstler‹; (vor der Einbildung, es ließe sich doch bestimmt *beides* vereinigen, ist nicht genug zu warnen!). – Bei mir jedenfalls geht das so weit, daß ich – ja, nun nicht etwa ein ›schlechter‹; wohl aber, wie Gedankenlose sich ausdrücken, ein ›fauler‹ Briefschreiber bin; meine näheren Bekannten – denn ich habe deren tatsächlich – wissen das, & harren in Geduld. (Und der schönste ›Brief‹, den ein Autor versenden kann, ist & bleibt ja doch wohl das ›Neue Buch‹. –). Immerhin wird man schon, nach solcher Einleitung, ahnen, daß *mein* TB, bei meiner Mentalität & Arbeitslast, 'n büschen anders aussehen werde, als die Selbstseelchenbespiegelung normalen Schlages. (Muß natür'ch einerseits entzückend sein, wenn man so lustig vor sich hin susen kann. ›Selig sind die Unbekannten‹, hat schon CARLYLE gewußt.)

Ich also pflege mir, alle 4, 5 Jahre, ein fertiges ›Tagesnotizbuch‹ zu kaufen – ›König & Ebhardt, 1963‹ steht auf dem ›vom Dienst‹ – Format 11 mal 30; wo jeglicher Tag seine Seite hat; 34 Zeilen von 10 Zentimeter Länge. Aus der Dauer der Benützungszeit ergibt sich, daß auf jeden Tag durchschnittlich 6–8 Kurzzeilen entfallen; und das hier zuständige Gesetz lautet : je länger die Eintragung, desto wertloser der Tag; nichtsnutzes störendes Mikro=Detail, wenn nicht gar Tinnef! Beim wirklich ›reichen, erfüllten‹ Tag, erscheint nichts, als seine vielsagende Hohlform :

»4–20 Pensum.«

: ›Das war eine köstliche Zeit!‹. –

2 volle Zeilen des kargen Räumchens gehören grundsätzlich dem *Wetter* : auch das wieder viel weniger Marotte, als man villeicht meint. Denn einmal bemühe ich mich, ›Landschafter‹ zu sein – ›Humorist‹ auch, ja; : *kann* man denn, alternd, überhaupt etwas andres sein, als Humorist? – der jeglicher Scenerie, (›Culisse‹ darf man auch sagen), *die Porträtähnlichkeit* geben möchte, die ihr gebührt. Wozu eben gehört, daß man nicht nur ihre Pflanzen Tiere Menschen Geräte notiert; sondern auch ›Beleuchtungen‹ sammelt : oben die Gaspantomime des Tiefausläufers; unterkreist von eines Hähers »: TUÉ!«; dann die Nadelholzborte; Kühe in Halbtrauer rupfen sich ihren Weg ins Dorf, gescholten von der, immer irgendwie vorhandenen, Unsichtbaren Magd – : alles Dinge, die mit nichten im TB erscheinen! Später mal. : In Büchern.

Weiterhin muß ich Temperatur & Luftdruck deshalb wissen, weil ich, wie Jedermann über 50, der redlich gearbeitet hat, nicht mehr voll gesund bin. ›1014 fallend‹?; bong. Aber ›heiß & hell & Hochdruck‹? : man könnte mich, ohne daß ich jetzt übertriebe, ziemlich rasch dadurch tot machen, daß man mich ans Mittelmeer verbannte : insofern *muß* ich morgens aufs Barometer kucken; um, bei 1030 & drüber, *sehr* komplizierte Arbeiten, die doch nicht gerieten, gar nicht erst anzufangen. Einfach, weil ich schlecht Luft bekomme. (*Unter* 1000 freilich, da geht's noch ›Hop=Heißa bei Regen & Wind‹!).

Daß die nun noch übrigen 4 Zeilen, zum möglichst knappen ›Taglied‹ erstarrt sein werden; zur Daten=Chronik kargster Art; wird man sich ebenso denken können, wie daß die Handschrift eine unwille ›Klaue‹ sein werde – und so ist es auch. / Wenn ich ein

Schwindler wäre, würde ich jetzt k&k&heiter fortfahren : ›greife ich also am besten, auf Gutglück, 1 Tag heraus …‹ – : *ich werde den Teufel tun!* / Übrigens erfolgen die Eintragungen in so dürren Stichwörteleien & Ab=Breviaturen, daß ich sie erst des breiten erklären müßte. Eine der harmloseren, daß man, nach Besuchen, manchmal findet :

»16–19 X.«

(also der Name)

»Ba«

: großes ›B‹, kleines ›a‹.

Das heißt »Brille abgenommen«; und bedeutet in der Familiensprache, daß man mich über Gebühr ennuyiert habe. Ich *sehe* nämlich, von Geburt an, sehr schlecht – Jeder, der mal bei mir war, hat die vielen großen Lupen, die überall herum=ruhenden, gesehen, (›Sköne Oke, sköne Oke‹ : wie träume ich zuweilen von einem 15=Zentimeter=Leseglase, das gleichzeitig seine 2 Mal vergrößerte! Aber das wäre eine ausgesprochene ›Extraanfertigung‹ & ergo zu teuer.), oder sich darüber gewundert, daß ich meine Manuskripte auf DIN A 3 schreibe : da braucht man seltener umzuspannen; und hat zusätzlich noch einen breiten Rand für Korrekturen. Wenn ich folglich – zurück zum ›Ba‹ – die Brille abnehme : dann *sehe* ich den Beträffenden praktisch nicht mehr; kann mir einbilden, es sey ja nur das Radio; und meine Frau hat mir außerdem (obschon widerwillig) bestätigt, daß meine astigmatischen Adleraugen dann einen so schmeichelhaft=verinnerlichten Ausdruck bekämen, als säße jene Stimme schätzungsweise 800 Meter entfernt : nu einverstanden!; da tut's Niemandem weh, (was ich ganz selten will), & ist doch rund & schön.

Ein nächstes wäre der *diagnostische* Wert jenes 4=Zeilers : wenn ich mich dabei ertappe – und ich tue das eigentlich stets; leben wir Autoren doch davon, daß wir uns selbst als Beobachtungsobjekte be= bzw. miß=handeln – daß des erwähnten, rotschnäblig erwischten Herrn Hähers überflüssig=trumfierende Mitteilung, daß er soeben getötet habe, sich mir ins TB mischen will : tja, dann merke ich aus solcher Überschreitung, daß es an der Zeit wäre, mit der Produktion eines ›ländlichen 20=Seiten=Thrillers‹ zu beginnen. Das aber besagt, weil sofort wieder ins Buch mündend, daß solch beschriebenes Auf=Sich=aufpassen, nichts mit jener Meisterschaft der Selbstverehrung zu tun hat, die dem normal=gewissenhaften (sprich langweiligen) TB=Abfasser eignet. (Dem Vorwurf der ›Werksbesessenheit‹ stelle ich mich übrigens gern : *das* unterscheidet Autoren von Menschen, daß die Ersteren dreimal so viel arbeiten dürfen, als die Letzteren!).

Und dennoch wäre das Alles immer noch nicht der *tiefste* Grund, weshalb auch ich, ächzend, ein TB führe. Besagter ›tiefster Grund‹ – man schreie so verächtlich=laut auf, wie man will, ob der Banalität – er heißt :

Das Finanzamt.

Man pflegt nämlich behördlicherseits, anscheinend prinzipiell zu bezweifeln, ob ein Schriftsteller ein Schriftsteller sei? Ob ich, wenn ich ein Buch über ›LILIENTHAL‹ vorhabe, denn tatsächlich dahin fahren müsse? (Und dann zieht sich der betreffende in=Speck=Thor fast immer das Brillengeschirr vom Haupte; und sieht mich dazu, aber auch schon *so* dumm=schlau an : ?!).

Zugegeben, es *ist* eine geisterhafte Leistung, daß ein Mann von den Revenuen seiner Stahlfeder lebe. Aber wenn so periodisch die verfängliche Frage auftaucht : ob ich denn wirklich Verleger= oder gar Leser=Besuche empfinge; ich, der ich doch notorisch ..... & damit gekoppelt die Zumutung, Jenen die Schnäpse & Stumpen in den Hals zu zählen .....

..... naja; *dafür* brauche ich dann eben, es ist *kein* Untertreiben, hauptsächlich mein bißchen TB.

Sonst würde ich gar keins führen.

›MEINE BIBLIOTHEK‹.

1

> »Der Maler wollte den Knaben mit einem Käficht malen, in welchem ein Vogel saß; aber dieser Vorschlag erregte seine ganze Mißbilligung – : ›Mit einem großengroßen Haufen Bücher müssen Sie mich malen‹, sagte er; ›oder ich mag lieber gar nicht gemalt sein!‹«. (ADOLF STAHR, ›Lessing‹.)

Denn auch von diesem Gesichtspunkt aus betrachtet, scheiden sie sich sofort wieder in dieselben 2, nun schon bekannten, Gruppen : diejenigen Dichter, die durchaus & in grader Linie vom ›Priester‹ abstammen wollen; und solche, die, nach ihren geistigen Vormännern befragt, mürrisch ›Hordenclown‹ angeben.

Daß der gemeine Mann die Druidennaturen präferiert, und es für 1 der Kennzeichen des echten Genius erachtet, wenn er nie den Fuß in eine Universitätsbibliothek setzt, ist ganz in der Ordnung; denn der Normalmensch ist träg, wirr & méchant – wird also sein Lieblingsautor träg*er*, wirr*er* & méchant*er* zu sein haben. ›Dichtkunst sei‹, so heißt es in jenen Kreisen, ›eine Gabe‹, (pff! : I wouldn't have it as a gift!); am besten lethelallig=automatisches, (was meist Apokalypsen & anderes Aufgeregtes 3. Klasse ergibt); die Niederschrift soll mit einer gewissen gesetzlosen Leichtigkeit erfolgen, (und der sich prompt einstellende, etwas vor=chaotische Habitus des Endergebnisses, wird als beabsichtigt deklariert). Für das Äußere dieser Sorte Dichter gilt die Regel der ›gepflegten Ungepflegtheit‹; also kuriose Kopf= & Halsmähnen; an der bloßen Tracht muß man erkennen können, daß ›hier was nich stimmt‹; und die ersehnte äußerste Umhüllung ist fast immer ein vergoldeter Rolls=Royce; (kurzum, ein reifer Idiot muß sichtbar werden. / Und gleich der andere (mein) Standpunkt : äußerlich & im Leben so unauffällig & retiré wie nur möglich, (wir haben doch wahrlich am Schreibetisch genügend Aufregungen!). ›Mythos‹? : das ist in meinen Augen so wenig ein ›allgemein Bedeutendes‹, daß es sich dabei vielmehr um die schematisierte, verarmte, gerupfte Reiche=Alltäglichkeit handelt. Und einen fleißigen Clown halte ich, im Vergleich zum Priester, für den beträchtlich interessanteren, auch tiefsinnigeren, (ja ehrwürdigeren!) Typ.

Aber das mag nach Herzenslust Geschmacksache sein. Beanspruche ich doch nur die Freiheit, Demjenigen, der mir ins Gesicht hinein behaupten möchte, daß STIFTER deutsch geschrieben habe, lusingando entgegnen zu dürfen : wie ich JOYCE's ›Odysseus‹ für das Buch des Jahrhunderts ästimire – publizierte Zweifel sind immer schon 1 Stückchen Wissen; und wer in the long run das Gutenbergswürdigere geliefert hat, werden wir ja sehen.

2

> »Wer bereits auf Erden die Qualen der Hölle kennen lernen möchte, der verkaufe seine Bibliothek!«
> (ALEXANDER v. HUMBOLDT).

Er besaß ihrer nämlich 20.000 Bände, (TIECK 16, MENZEL 15, SCHOPENHAUER 10, DE QUINCEY 5, ich 3 odd); und ob der bloßen Zahl sproßt ja schon ein ganzes Dickicht von Erkundigungen auf; etwa

a) wieviel Bücher kann 1 armes Menschengehirn, wie es zur Zeit (ich meine biologisch) gebaut ist, überhaupt beherrschen=verwalten? / Sehr großzügig gerechnet liest man ›mit Verstand‹ vom 5.–25.000 Lebenstage; d. h. pro Tag 1 Band angenommen (wiederum großzügig; das setzt Zeit & Lesebegabung voraus) könnte man 20.000 Bücher zu sich nehmen, (gleich 0,1% der vorhandenen).

b) wieviel Bücher braucht ein Schriftsteller denn? / Wer gebaut ist wie der Priester Johannes braucht imgrund überhaupt keine; in seiner Freizeit verkonsumiert er meist Krimis; (und falls er wirklich mal ›Herpes Zoster‹ für 'ne griechische Gottheit hält, tz, dann fällt das seiner Leserschaft sowieso nich auf). Der Clown, der sich von Übersetzen (Über=Sätzen) & lit.=hist. Possen (Po=Szen'n) mühsam nährt, (so richtig frei Rat=Schlagen kann er ja nur nach Feierabend), der benötigt viele. In der Stadt, nahe einer Großbibliothek, kommt er mit ein paar Hundert aus; in ländlicher Abgeschiedenheit, wo Autarkie zum Hauptgebot wird, (man *kann* nicht tagelang 'rumreisen, das ergibt unangenehmste Hemmschuhe 2. Ordnung!), liegt das Minimum, meiner Erfahrung nach, bei etwa 60 Metern Bücher, (rund 2 Tausend Stück; 3 dürften besser sein; man wird schließlich, lebt man länger, zwangsläufig Spezialist für 1 Dutzend Gebietlein).

c) wie setzt sich eine solche Handbibliothek zusammen? / Nicht daß mir das eigene Hüttlein – 1 Morgen Haide drumrum; im schattigen Birkenlaub wiegt sich die Fernsehantenne – nun das Maß aller Dinge wäre; aber ›im Schnitt‹ wird's'o sein : 30% Nachschlagewerke; 30% die Fremdsprache aus der man übersetzt; 30% Fachliteratur zum erwähnten 1 Dutzend älterer Lieblinge (es können aber auch Busenfeinde darunter sein); und die restlichen 10% – tja, das sind eben die geheimnis=follen, bibliogenen, ›stomachalen‹ (ETA. HOFFMANN) Bände, die man meist verschweigt : das kommt gleich.

d) wieso haben ›Priester‹ keine Bücher? Ich denke da nur=ä ... / Antwort : sicher; es gibt Fotos ›KARL MAY in seiner Bibliothek‹ – nur schade daß, wenn man mit der Lupe hinlinst, die Hälfte der splendiden Erbärmlichkeit aus seinen eigenen Freiexemplaren besteht; und ob er schon einen 12=bändigen PIERER besaß (man auch bloß so'n Drei=minus=Lexikon!), der restliche Blätterteig war pure Dekoration. (Zweierlei ausgenommen : ›Spiritismus‹ muß ihm anregend gewesen sein; und neulich bot mir ein DDR=Antiquar einen Brief des Alten an, in dem ein ganzer Satz Säuglings=Literatur bestellt wird : ?). / Gibt es etwas Kümmerlicheres, ja Dämlicheres, als WILLIAM BLAKE's ›Marginalien‹ in die 5 Bücher, die er anscheinend im Lauf seines Lebens gelesen hat? (Daß man deswegen getrost einen großmächtigen Bildband auf den BRD=Markt bringen dürfte, sei unsern Verlegern (ebenso titelarm wie tatendurstig) im Vorbeigehen angedeutet.) / Neenee : wer ›zeitlose‹ ›Gesänge der Irren‹ in ›erdachten Landschaften‹ als ›poetisch‹ schätzt, der muß andrerseits ›Wissen‹ für nüchtern zersetzend unkünstlerisch erachten. Und wer leidenschaftlich neue Dschungeln anlegt, kann Den nicht mögen, der alte zwar gar nicht abhaut & ihre Stelle mit Beton überzieht, nein, wohl aber 1 Schneise für Lustwandler hineinschlägt & die himmelstinkendsten Sumpflöcher dräniert : deswegen braucht die betreffende Gegend nämlich nicht unbedingt häßlicher zu werden; (ja, vielleicht wird sie dadurch überhaupt erst schau= & genießbar?).

e) (mit nun schon boshafter Stimme) : die Herren ›Clowns‹ also ziehen Bücher an sich, zum Zweck des Kompilierens und Stehlens? / Antwort : bitte, lesen Sie weiter.

3

> 1.) »Was hat Euch immer mehr das arme Kind getan?« (CANITZ, †1699).
>
> 2.) »Was hat man Dir, Du armes Kind, getan?« (GOETHE, *1749).

›Wer von Wem?‹ ist, wie man sieht, leider gar keine Frage. / Der Opernfreund, der WAGNER's ›Meistersinger‹ oder LORTZING's ›Zar & Zimmermann‹ schätzt, sollte sich neben deren Textbücher einmal des (gern verachteten) KOTZEBUE Doppellustspiel von den ›Deutschen Kleinstädtern + Carolus Magnus‹ legen : wie nett & aufschlußreich ist das nicht ›benützt‹! / Selbst mit des großen EDGAR POE schönstem Stück in der Hand der Herzseite, wird man fast stets in der Rechten irgendein älteres Buch zum (manchmal schier peinlichen) Vergleich halten können : ›Das Eiland & die Fee‹? : da ist Diverses aus MOORE's ›Lalla Rookh‹ durchgeschlagen. ›Methode Thaer & Fedders‹? : siehe TIECK, die Stelle wo es steht. / Undsoweiter, etcetera, in infinitum.

Als Erstes sonach : genau so, wie der Umgang mit Menschen, ja ›Das Ganze Leben‹ auf einen Verfasser abfärben, *tut dies auch seine Bibliothek!* (Heißt doch ›lesen‹ zuguterletzt nichts anderes, als sich mit einem interessanten, oft sogar bedeutenden Menschen gut unterhalten.) Immerfort & überall bilden sich Materiebrücken, werden Gezeitenkräfte wirksam, wird der un= oder schlecht=benützte Einfall eines Vorgängers zur Kraftquelle. Man sei jedoch, ich mahne ganz ausdrücklich, nicht gleich mit dem, fast immer allzu=groben ›stehlen‹ bei der Hand. Denn einmal eignet sich notorisch niemand mehr an, als ›Der Priester‹ (schon die Erzväter wußten, wie man aus dem ›Gilgamesch‹ einen ›Sintflut=Bericht‹ nimmt); und zweitens unterscheide man ja sehr genau zwischen den feinen aber deutlichen Stufen etwa dieser Skala :

Zufällige Übereinstimmung

Kryptomnesie

absichtliches ›Anspielen‹, (ob parodierend, ob um des schönen ›Echoeffekts‹ willen)

bedeutendes Ausbauen eines, vom Originator selbst gering geachteten, 1=Zeilen=Einfalls, (Unterschied zwischen ›Eichel‹ und ›Eiche‹!).

Umbildung, besser machende, einer gänzlich unausgenützten, ja verpfuschten Episode, kann Feines ergeben.

Entlehnung=Umschreibung hat meist auch noch der ›Erklärungen‹ genug; (Jugend Erschöpfung Not Alter).

Dann kommt allerdings die *hastig=freche Benützung, die's schlechter* macht, als das Original.

Und schließlich, leider, *das nackte Plagiat,* bei dem Einem die Stirn fast unvermeidlich zum Waschbrett wird; (man muß wohl schon lange gelebt haben, um auch hier noch das tout comprendre zu praktizieren). –

Die meisten ›Klassiker der Weltliteratur‹ werden erst verständlich & genießbar, wenn man sowohl ihre Bio als auch ihre Lektur dahinterblendet : wie nimmt nicht der so vergessene GUTZKOW an Reiz & Tiefgang zu, sobald man sich in dieser Richtung etwas bemüht. Demjenigen, der schon beim bloßen Anblick von JOYCE's ›Finnegans Wake‹ zu allen Marsen fahren möchte, wäre vielleicht nur Belesenheit zu empfehlen; wird doch z. B. die S. 434f. sogleich durchsichtig, wenn man THORNE SMITH kennt. Wer FOUQUÉ so recht begreifen will, hat einen Autor zu kennen, der nicht mal in der ›Allgemeinen Deutschen Biografie‹ erscheint; GALLUS (1762–1807); es ist verrückt, zugegeben; aber es ist so. –

Wenn wir nur in jedem Falle wüßten, was die Autoren Alles so gelesen haben! –

4

»In alten Büchern stöb'r ich gar zu gern –
die neuen munden selten meinem Schnabel,
(ich bin schon alt; das Neue liegt mir fern).«
(CHAMISSO, ›Alexandersage‹)

Eine Sonderstellung nimmt die folgenschwere ›Erste Lektüre‹ ein : *schlimmer als die erste Liebe!*

Gerade die noch objektleere & gleichzeitig gierig=schweifende Fantasie des Kindes fixiert sich unglaublich an frühe Vorlagen zu Gedankenspielen; die dann, nach der Melodie des ›ont revient toujours‹, für's ganze Leben & Werk Grundwasser=Wert bekommen. »Der bloße Anblick eines Buches versetzt das mit Lesehunger behaftete Kind in eine Art von zitternder Begierde. Nur im Gedruckten, was es auch sei, lebt & webt das junge Geschöpf; die entlegensten Winkel werden aufgesucht, um die geliebte Speise in Muße verzehren zu dürfen; frühe Morgen= oder späte Abendstunden bringen keinen Schlaf in das nach den Lettern verlangende Auge«; (IMMERMANN). Eines der Stigmata Derjenigen, die dazu bestimmt sind, dereinst im großen Stil Bücher zu emanieren; (korrekter : sich in sie aufzulösen). Diese ›Bücher der Kindheit‹ gilt es zu erkennen.

Das ist enorm schwer! Die frühesten ›Bilderbücher‹ gehen meist verloren; und auch ansonsten walten hier die blöd=sinnigsten Zufälle : was den (oft total unliterarischen) Eltern zugelaufen ist; was man vom Schulfreund borgt oder von gedankenlosen Nachbarn; das ratlose ›Geschenk zu Weihnachten‹ (bei der ›Konfirmation‹ geht's *noch* stereotyper zu) – *wie* das Wort=Serum, mit dem das Kind entscheidend geimpft wird, ins Haus gelangt, ist geradezu unheimlich egal!

Zuweilen liefern die Dichter selbst einige Fingerzeige. / Bei den ältlicheren herrscht auffallend der ›Robinson‹ (ZSCHOKKE, JEAN PAUL, bis EULENBERG); bei noch Mehreren die ›Insel Felsenburg‹ : MORITZ, VOSS, GOETHE, OPPERMANN. COOPER ist seit 1840 ein Liebling; ob GOEDEKE, VERNE, HAUPTMANN, MOLO; ab 1890 verdrängt durch KARL MAY, (WERFEL, ZUCKMAYER, ZWEIG, i.i.); bei MAY selbst waren's die, damals in SUE's Nachfolge seuchenhaft grassierenden Hintertreppen=Schnulzen von 4.000 Seiten). Sobald die Bibel genannt wird, ist's immer nur das AT; (das NT scheint die Bildkraft der Kinderseele mehr zu handicappen als anzuregen – auf der ›andern Seite‹ sind SCHOPENHAUER's hahnebüchene Empfehlungen an Jugendlektüre von wahrhaft transzendentaler Verständnislosigkeit!). Zuweilen erfolgt die ›entscheidende Lektüre‹ auch erst in den Teens : wie überzeugend ist nicht TIECK's Schilderung des Gefühlssturmes mit dem er – in schwerster Spätherbstdämmerung, in einer Pappelallee, bei feinem kaltem Regen, im Stehen – den ›Hamlet‹ verschlang; (»'tis bitter cold to=night!«).

Hier, wo wir uns nur mit knospenden Autoren beschäftigen, sei von dem therapeutischen Wert jeglichen Gedankenspiels (das Wort kommt schon bei HERDER und GAUDY vor) abgesehen; aber es treten eben literarische Folgen ein. Da verspürt etwa JULES VERNE den unwiderstehlichen Drang, sein Lieblingsbuch, POE's ›Gordon Pym‹ fortzusetzen; und sei seine ›Sphinxe de Glace‹ noch so höckerig ausgefallen, bedeutsam & lehrreich bleibt das Faktum immer. Besäßen wir nur noch JOHANN HEINRICH VOSS'ens umfangreiche Fortsetzung zur ›Insel Felsenburg‹; was würde seine Parafrase nicht alles aussagen; (weil nämlich solch ›Längeres Gedankenspiel‹ nichts als die Hohlform der den Spieler umgebenden (meist einengenden) Realität ist; und ein klug gemachter ›Ausguß‹ das feinste ›Portrait of the Artist as a Young Man‹ ergibt!). Daß bei solch gebundener Entstehung sich große Kunstwerke selten ergeben (viel öfter Tragelaphen und Jumarren), tut nichts zur Sache; wichtiger wird der Vorgang schon durch die,

Leben & Werk aufschlüsselnden, Funde hingebend ›auf der Spur‹ gehender Detektive vom Amt für Literaturpsychologie; allbedeutend macht ihn die Einsicht, daß es auch im geistigen Leben der Gattung ausgesprochene ›Places d'Étoile‹ gibt, von denen generationenlang, nach allen Richtungen hin, immer wieder Lustwandler ausgehen – werden ja die meisten ›Dinge‹ ganz allgemein erst dadurch etwas, daß viele & möglichst bedeutende Individuen ihre Gedankenspiele damit koppeln. Dies die Erklärung der zahlreichen, gut=sichtbaren, weniger ›Reihen‹ als Knotengeflechte der Weltliteratur.

Beim ›Hund Berganza‹ ist's eine Reihe : CERVANTES, HOFFMANN, GAUDY. Die ›Hohlerden‹ dagegen haben etwas so weichselzöpfiges, daß ein Überblick noch nicht möglich ist. Schon die Fantasie primitiver Menschheit ist ja voll hohlster Berge, mit ›Horten‹ & schlaraffenländlichen Reichtumen, zu denen man sich durch mühsam=finstre Gänge hinzuarbeiten hat. Den Rattenkönig früher Märchen & Epen beiseite gelassen, lauten die großen literaturfähigen Stationen neuerer Zeit etwa : HOLBERG, ›Nils Klim‹; CASANOVA, ›Ikosameron‹; (STEINHÄUSER schaltet sich ein); 1863 gleichzeitig VERNE, ›Voyage au Centre de la Terre‹ und STORM, ›Regentrude‹ (ein reines Fruchtbarkeitsmärchen übrigens); und, immer weiter, über P. KELLER's ›Letztes Märchen‹, bis zu WERFEL's ›Wintergarten‹=Episode im ›Stern‹ (den ich übrigens nicht kannte, als ich meine ›Tina‹ schrieb).

5

> »Hier standen Editionen, wertvoll, weil sie die ersten, und dort sah man wieder andre, nicht minder geschätzte, weil sie die letzten waren. Hier war ein Buch von besonderem Wert, weil es des Verfassers letzte Verbesserungen enthielt, und dort ein anderes, welches merkwürdigerweise viel galt, weil ihm solche Verbesserungen fehlten.« (WALTER SCOTT, ›The Antiquary‹, Kap. iii).

Es scheint eine wahrhaft überirdische Aufrichtigkeit zu erfordern, aus seiner Cité des Livres heraus auch nur anzudeuten (schweigen wir von ›bekennen‹), »mit welchen Fasanen & Kapaunen man sein Bäuchlein gemästet«, (GOETHE; ein großer Mann; auch im Clowen). Dabei weiß jeder Schreibende, wie schwer es ist, eine ganz neue Lüge herrlich hinzustellen, (vornehmer : ein großes abgespaltenes Bewußtseinssystem zu schöpfern) – selbst ein JOYCE, der sich doch systematisch dazu erzogen hatte, Schulgrillen möglichst nicht zu berücksichtigen, zollte dem Gedächtnis der Menschheit rüstig seine Tribute; denn ›Odysseus‹ und ›Wake‹ sind eben doch erst durch FREUD & CARROLL möglich geworden.

Und da meine ich immer : Jeder berufsmäßig Bücher Erzeugende, (dem früher oder später *doch* ›Untersuchtwerden‹ bevorsteht), sollte sich weniger auf Zungenküsse der Neune berufen; oder den ›Wunderborn‹ in seinem allerhöchsten Innern; und auch Geschwafel von ›orientalischen Geheimlehren‹ stärkt (wenigstens bei mir) seine Po=Sitzion nicht, (Dem=seine Orientalen wären ja verrückt vor Ehrfurcht geworden, wenn se'n Fernsehapparat kichern gehört hätten!); vielmehr sollte er uns *ein Verzeichnis seiner Bibliothek* hinterlassen; (nach dem † zu veröffentlichen : da kann seine, manchmal vieles geduldet habende, Witwe noch Geld damit verdienen; während er sich an dem ihm zugewiesenen Orte befindet). *Parabel vom Schuppen :* wenn der mir einzufallen droht; und der Zimmermann, der sich die Chose mal ansehen soll, anstelle des Handwerkszeugs nur Redensarten von ›uralten Zunftgeheimnissen‹ bei sich hat; auch auf meine Frage, wie er sich die Erneuerung des Fachwerks nun präzise denke, mir flüchtig=kokett ein »Eingebung, bester Herr; Alles Eingebung« in den Nicht=Bart wirft – tja, dann geleite *ich* ihn still an der Hand zur Gartenpforte; und lasse lieber bei einer Konkurrenz arbeiten, die zum Dachstuhl solcher Hypothesen nicht bedarf. –

PAUL ERNST hat seine Biblio in diesem Sinne recht ordentlich angegeben; GOETHE ist sowieso überdeterminiert; aus ›Briefwechseln‹ ergibt sich immer einiges, (obschon nie das wichtigste; ›trust a cat among cream!‹); im allgemeinen ist die Forschungslage hier noch ganz unbefriedigend. Leider ist der Spaltenraum ohnehin längst überzogen; sonst hätten jetzt *meine* Konfessionen bezüglich Leseerlebnissen einzusetzen, und es stünden aparte Dinge zu erwarten – – aber halt!; nein : dergleichen betriebswirtschaftliche Blindheit sei den Ministerien (Minus=Therien) dieser Welt überlassen. Zumindest werde ich die (nunmehr ja doch unvermeidlich kommende) Zeitungs=Rundumfrage abwarten à la ›*Bücher, die mein Werk anregten*‹. Anschließend wird's in ein schmuckes Taschenbüchlein zusammengedruckt, (gibt wieder Rubelchen). Jahre danach dann, anläßlich etwaiger ›Gesammelter Werke‹, könnte man's in 1 der Miszellenbände aufnehmen; (und das geht mir ja gleichsam noch ab, daß man mich zur ›Miß Celle‹ machte!).

DER PLATZ, AN DEM ICH SCHREIBE

Mefista, (in männlicher Tracht; Faust präsentierend) : ... : der Herr ist Autor.
Sorbin, (jung, 15=jährig, in anmutig gebrochenem Deutsch) : Was iest ain ›Au=torr‹?
Mefista, (rasch gefaßt) : Ein Autor? : ist Derjenige, dem ›ein Stock im Petticoat‹ beim Anblick dessen einfällt, wozu ein Leser zeitlebens ›Schirm‹ sagt.
(Arno Schmidt, FAUST, IV. Teil, Szene 16)

Als ich hier einzog, besaß ich, u. a., auch 2 alte Schreibtisch=Seitenschränkchen – die Platte, die darüber gelegen hatte, war alt, und hatte sowieso nie genau gepaßt; (obwohl sie beste Dienste geleistet hat, wohlgemerkt; und sogar noch leistet; ich habe viel historischen Sinn – »*zu* viel« wird Mancher murmeln; Der kennt dann nur FOUQUÉ) – und infrage kam nur die 1 Dachstubenecke, die schräge Wand nach Nord, das Giebelfenster nach Ost. Da kam mir – ich will es nur gestehen; es war, als die Maurer auch ›improvisierten‹, und die eingefrorene Pumpe mit Tapetenresten auftauten – der Einfall, ebenso billig wie genial : beim Tischler eine dicke Sperrholzplatte zu bestellen, 2 × 2 Meter; aus der einen Ecke wurde ein Viertelkreis, Radius 1 Meter 20, herausgesägt; und fertig war die allerschönste Schreibfläche; ›Limba‹=bezogen, ein Hölzernes Meer von 3 Quadratmetern!

Denn ich brauche Platz. Nicht für meinen Bauch, (einen Artikel, in dem ich wenig vermag); sondern für Zettelkästen, Mappen, und vor allem die Tisch=Bibliothek, im Viertelkreis um mich aufgestellt, haarscharf=dergestalt, daß ich sie, ungestüm=vorgebeugt, noch erreichen kann – ich hab' lange Arme! Es sind mit nichten immer dieselben 70 Bände. Ich unterscheide da streng 2 Abteilungen : den ›festen‹ Bestand, und den – je nun, ich sage in der Schnelle, ›fließenden‹.

Der ›feste Bestand‹, das sind natürlich die kleineren Nachschlagewerke. Einmal Wörterbücher – ich übersetze (und fleißig, obwohl ich das selbst sage) aus dem Englischen und Amerikanischen, und es sind immerhin schon 20 Bände – ein untersetzter WEBSTER von 1854 (und das ist wieder einmal mehr *keine* Posse : ich besitze speziell diesen Jahrgang, weil ich COOPER=Fachmann bin; und immer noch die Hoffnung hege, daß meine Übersetzung des ›Conanchet‹ doch einmal erscheinen werde; worauf man mich ja, unvermeidlich=begeistert, sogleich mit der ›Littlepage=Trilogie‹ beauftragen würde, wenn nicht gar mit den ›Monikins‹. Und da COOPER 1851 starb, enthält der genannte WEBSTER genau seinen Wortschatz!); der MURET=SANDERS, PARTRIDGE, undsoweiter undsoweiter. Das, in diesem Zusammenhang zu erwähnende, Buchderbücher freilich – ich meine die ENCYCLOPAEDIA BRITANNICA – steht, mit ihren 16 Dünndruck=Doppelbänden, hinter mir; dazu muß ich leider aufstehen; wer wohnt schon vollkommen? Geschichts= und Hand=Atlanten. Der THESAURUS LOGARITHMORUM mit seinen 10 Dezimalen (›semel in anno licet insanire‹). Der komplette BRÜMMER (einen GOEDEKE oder den neuen KOSCH kann ich mir nicht leisten; und wie ich den FRELS vermisse, mag ich gar nicht sagen!). Neben den beiden Jahrgängen des KÜRSCHNER, 1908 und 24, ein ›Handbuch der Pilzkunde‹ – man lebt nicht ungestraft ›auf dem Lande‹. Literaturgeschichten : für die ältere Zeit bediene ich mich, nach langer Prüfung, kurioserweise des Wolfgang MENZEL; für die neuere des unvermeidlichen SOERGEL; für die neueste – ach, wissen Sie, wenn man selbst das Frou=Frou miterzeugen muß ..... An Konversationslexika sehe ich auf dem Tisch nur den kleinen KNAUR; tcha und dann – ich weiß, es gilt vielerorts als ›unpatriotisch‹ – das 2=bändige DDR=Lexikon. Nicht, daß ich die oft bestialische Vernageltheit seiner Urteile über Kunst teilte; aber die Daten sind vorbildlich genau, und das Material über den ›Ostblock‹ durchaus unverächtlich – ich kann mir nicht helfen; ich laß' es jedenfalls erstmal stehen.

Und nun 1 ausgesprochener Akt der Selbstverleugnung – es ist ein bisher noch viel zu wenig gewürdigtes Kapitel – meine ›Namensquellen‹. Es ist nämlich ›bei Schriftstellers‹, zumal bei deutschen, wo es nach heiliger Tradition pausenlos heißt ›dicht=Er & denk=Er‹!, so, daß man laufend viele Namen benötigt; bald wohlklingende, bald banale. Meist weiß man (bei häufig auftretenden Hauptpersonen, um sie mit *einem* akustisch=fonetischen Zug sich selbst und dem Leser unverwechselbar zu malen; bei Nebenfiguren, um sie rasch und ohne Arbeit, aber dennoch solide, zumindest verantwortbar=ausreichend, zu ›erledigen‹) wieviel Silben der betreffende Name haben muß, um in den Takt des Satzes zu passen; also auch, welche dieser Silben betont sein muß, wer es nicht lassen kann, mag an ›Penultima‹ denken; selbst die Vokalharmonie liegt innerhalb ziemlich enger Grenzen fest. Es wäre schon je 1 Monografie wert, bei jedem Dichter seine Hilfsmittel in dieser Beziehung zu untersuchen; bei FOUQUÉ war es Johannes von MÜLLER. (Bei mir – ich will kommenden Kommenden die Mühe erleichtern – ist es so, daß ich – soll ich die Bosheit besitzen, und hinzufügen ›unter anderem‹? – für *deutsche* Namen das Register des ›Hannoverschen Staatshandbuches für 1839‹ verwende, (es enthält immerhin 80.000 zur Auswahl); für ausländische den ›Regenhardt; Geschäftskalender für den Weltverkehr, 1927‹. Da es nun immer Leute gibt, die es lieben, unnötige Fragen zu stellen, erwidere ich auf deren ›Warum?‹ : der REGENHARDT lief mir zu; er kostete nur 50 Pfennig, und erwies sich dann als sehr praktisch; für HANNOVER verweise ich, mit abwehrend gewölbten Brauen, auf mein ›STEINERNES HERZ‹.) –

Der ›fließende‹ Bestand ändert sich, je nach dem Groß=Thema, das zur Zeit gerade ›dran‹ ist. Also wechselt Leopold SCHEFER ab mit HIPPEL; der mit LUCIAN oder KARL MAY; dann steht wieder einmal der ODYSSEUS da (des James JOYCE natürlich; über ›Finnegans Wake‹ weiß ich zu gut Bescheid, seit ich ›Bruder Stanislaus‹ übersetzt habe!). Neulich erschrak Einer, als er Jules VERNE so neben Gustav FRENSSEN sah .....

Allerdings ist es, trotz all der aparten Titel, so, daß ich *ganz* sorgenfrei, ›aus Wolluscht‹, überhaupt nichts mehr lesen kann : immer muß ich ›einen Aufsatz drüber schreiben‹. – (Darauf freue ich mich schon sehr : wenn einmal, irgendwann=einmal, ein Mäzen=oder=so auftauchen wird, der mir ›um=meiner=selbst=willen‹ – es ist schwer; ich weiß wohl; ich selbst würd's auch nicht tun – eine monatliche Rente von, nu, sagen wir, 500 Mark ›auswirft‹; und ich dann – ach, es fallen Einem gleich Ausdrücke wie ›Lebensabend‹ ein, und ›buntgeblümter Schlafrock‹, ›The echoing Green‹, ›Der Schnee tröpfelte emsig vom Dach‹, ›Die Nacht wird kalt, sagte der alte Rudolph, vom Wetterfähnlein kreischt es herunter, die Eichen fangen zu rauschen an, lege mehr Holz an den Heerd, Alwin.‹ – tcha, und jetzt hab'ich natürlich den Faden verloren.)

Aber eines ist endlich – etwas spät freilich; und überhaupt ›wie lange noch?‹ – erreicht : *ich sehe von meinem Schreibtisch aus den Mond aufgehen!*

Was das für mich bedeutet, davon machen sich wenige Menschen einen Begriff. (*Aller*letzten Endes hat es wohl lediglich mit der Sehschärfe zu tun; ich habe, von Kindesbeinen an, so starke ›Minus=Zylinder‹, daß noch jeder Optiker vor rarer Freude aufgejauchzt hat, wenn er meine Brille unter's Meßgerät legte. Ich bin wegen meiner Selenomanie weder ›hyänenhaft feige‹, noch eine ›potentielle Verbrechernatur‹, wie viele meiner Gegner arg gerne möchten – als wenn die Erde nicht groß genug wäre, daß wir Alle darauf Unrecht haben können! Neinein; ich gehöre wirklich nicht ins Irrenhaus; obwohl ich seit meiner Geburt natürlich darin lebe.)

Zugegeben, ich sehe auch die Sonne aufgehen; aber zu dem blutigen Küchenmädchen habe ich nie ›ein Verhältnis‹ gehabt. ›Sonn'naufgang‹? Was heißt'nn das schon?! Einer steht aufrecht, wie ein Wacholder; drei Wolkendamen liegen, in grauen schicken Mänteln, flach, (der Einen läuft's hinten rot raus, brrr!). Gewiß, sie gibt Licht, und vermindert die Zahlungen an den Stromversorgungsverband Osthannover und die Kohlenhändler; aber damit ist es auch gut. – Wogegen der Mond .....

Wenn ich also, im strapaziödesten Keinerlei des Vokabeljätens, dem Broterwerb, dem cash=as=cash=can, befangen, nach 14 Arbeitsstunden, aufblicke – : dann ist aus dem Wälderkranz eine dunkelgraue Rundum=Borte geworden. Unten läuft eine Katze vorbei, mit einer Zitronenscheibe im Mund; (sie hat Junge, daher diese, völlig verworrenen, Mutterinstinkte; wenn sie einen Hahnenkopf vom Nachbar anbringt, ist dessen abgesägter Suppen=Seitenblick schon erheblich fataler.) Durch die Spreizhand – manchmal ist mir vom vielen Tippen, als wäre sie im Gelenk abgeschnürt – die mir die Brillenlemniskate zurechtrückt (r gleich a mal Wurzel aus cosinus 2 phi; tatsächlich, ich kann's noch auswendig!) blinzt Jupiter als ›Zugabe‹. Wirklich ver=schmidt=ste Stücke sind nicht mehr möglich : aus ehrlicher Erschöpfung. Wer derart lange, unter Nes=Kaffee=Druck, an JOYCE übersetzt hat, oder FAULKNER, oder, noch schwieriger, ›ANGRIA und der Weg dorthin‹ – ja, diesen ›schäbigen Rest‹ von 1 Menschen besieht man sich besser nicht mehr.

Und trotzdem tastet die Hand schon wieder nach dem Zettelkasten – 2 Sorten stecken, notizbereit, darin : DIN A9 (37,16 mal 52,56) und DIN A8 (74,33 mal 52,56 Millimeter); und auch das ist wiederum nichts weniger als eine Pedanterie; sondern schlicht eine Frage der Erfahrung : es liegt am Temperament, wie lang die Stichwortreihe ist, deren man zur Notierung eines Eindrucks bedarf; und ein Zettelchen DIN A8, hinten & vorn mit winziger Spitzschrift in Sigeln bekritzelt (hi! die vielen ›i‹=Zinken!) entspricht immerhin einer Buch=Viertelseite. – Also die Hand tastet. Auch nach einem der 20 sehr lang=scharf geschliffenen Bleistifte (›alte Rasierklingen‹ : das ist's!); (und ›Nummer 2‹ wohl; jedenfalls ›weiche‹). Und schreibt :

»... 1 bleiches molkichtes Gesicht durch'n Kronsberg=Wald ...

... flatterndes Volk zog auf marmornem Kreuzweg, stundenlang ...

... Gegen Mitternacht erschien 1 Stück Mond im Himmel. ...«

Aus der Beschaffenheit solcher Neuigkeiten auf den hohen Grad der Unschuld & Einfalt meines pastoralen Wortmetz=Daseins=hier zu schließen, wäre jedoch voreilig. Unser Schicksal heißt Turbulenz; heißt ›kompliziert leben‹; (und das, im Bewußtsein jedes gebildeten Lesers prompt erscheinende, ›Einfach=leben‹ ist nur eine wehmütig=unrealistische Formel, über die man schon im späten Rom resigniert gelächelt haben dürfte.) Nach meinem Arbeitsplatz fragen Sie mich? Was ich will? Was ich bin?

: Warten Sie, bis ich *nicht* mehr bin.

Textnachweise *Der Abdruck folgt der von der Arno Schmidt Stiftung herausgegebenen Bargfelder Ausgabe (BA).*

Lesen ist schrecklich! BA I/4, S. 70–72 (dort unter dem Titel *Was soll ich tun?*). Niederschrift März 1956, Erstdruck in: *Trommler beim Zaren,* Karlsruhe 1966

Flucht vor dem Werk BA III/3, S. 267–268. Niederschrift Juli 1955

Ich bin erst Sechzig BA I/4, S. 30–31. Niederschrift Juni 1955

Nebenberuf: Dichter? BA III/3, S. 194–195. Niederschrift: Februar 1955

Die Brotarbeit BA III/3, S. 214–216. Niederschrift: Mai 1955

Schulausflug BA I/4, S. 111–119. Niederschrift: Mai 1957, Erstdruck in: *Trommler beim Zaren,* Karlsruhe 1966

Dichtung und Dialekt BA III/3, S. 350–352. Niederschrift Februar 1957

›Urkundlich belegt‹ BA III/4, S. 93–97. Niederschrift August 1961, Erstdruck in: *Trommler beim Zaren,* Karlsruhe 1966

Literatur: Tradition oder Experiment? BA III/3, S. 338–341. Niederschrift: Januar 1957

Hegemeister des Geistes BA III/3, S. 241–245. Niederschrift Mai 1955

Ach, wie gut, daß Niemand weiß ...! BA III/4, S. 340–346. Niederschrift November 1963

Muß das künstlerische Material kalt gehalten werden? BA III/3, S. 491–494. Niederschrift September 1959

Unsterblichkeit für Amateure BA III/4, S. 322–328. Niederschrift September 1963

Hände weg vom Lexikon! BA III/3, S. 410–415. Niederschrift Februar 1958

Armes Deutschland! BA III/4, S. 408–412. Niederschrift Mai 1965

Julianische Tage BA III/4, S. 87–92. Niederschrift Juli 1961, Erstdruck in: *Trommler beim Zaren,* Karlsruhe 1966

Und es blitzten die Sterne ... BA III/4, S. 305–310. Niederschrift Juli 1963, Erstdruck in: *Trommler beim Zaren,* Karlsruhe 1966

›Sind wir noch ein Volk der Dichter & Denker?‹ BA III/4, S. 311–321. Niederschrift August 1963

»›Wahrheit‹ – ?«, seggt Pilatus, un grifflacht ..... BA III/4, S. 234–240. Niederschrift August 1962

Eines Hähers »: Tué!« und 1014 fallend BA III/4, S. 389–400. Niederschrift Oktober 1964

›Meine Bibliothek‹ BA III/4, S. 361–368. Niederschrift April 1964

Der Platz, an dem ich schreibe BA III/4, S. 28–31. Niederschrift Oktober 1960, Erstdruck in: *Trommler beim Zaren,* Karlsruhe 1966